地球ランドの幸せルール

宇宙法則とハッピーチョイス

松下仁美

ナチュラルスピリット

地球ランドの幸せルール

目次

はじめに……9

1章
私たちは地球へ何をしに来たのか？……17

2章
あなたは誰？　私は誰？…………53

3章
真実の世界、現実の世界……77

4章
宇宙的な幸せとは……113

5章 ハッピーチョイス……139

はじめに――あなたに「ハッピー&ありがとう!」

たくさんの本のなかからこの本を手に取ってくださって、ありがとうございます。

ご縁があり、「宇宙についての深い本を書いてください」とのご要望をいただき、私の知っている宇宙からの情報を書かせていただくことになりました。

宇宙からの情報は、日本語に当てはめにくいことも多々ありますが、できるだけ、もとのメッセージのニュアンスに近いかたちで、主観をまじえずに、ご紹介したいと思っています。

地球人の一員として、必要な方々へメッセージが届きますように。

また、すべてのみなさまにとって、この本が今世を生きるよいヒントとなりますよう、心より愛をこめて伝えさせていただきます。

地球ランドは今

地球という惑星、はるか遠い昔から存在しているこの惑星で、今いったい何が起こっているのでしょうか。水も、空気も、土壌も汚れ、ゴミがあふれ、モノがあふれる世界になってしまいました。

戦争が続いた時代とくらべれば、世界は素晴らしい成長をとげ、発展しています。そのいっぽうで、自然は破壊され、貧富の差が激しくなり、誰も地球や宇宙のバランスのことなど考えてもいないかのようです。

今の世代がこのようになってしまったのは、何がきっかけだったのでしょうか。日本を離れてバリ島に住むようになって三年ほどになりますが、離れてみて初めてわかる、日本人独特の素晴らしさがあります。

日本人は、人とのつながりや信頼性において、地球上で最もレベルの高い国民です。それなのに、いつのまにか毎年三万人以上の自殺者を出すような、波動の低い国になってしまいました。

いざ立ち上がろうとしている人たちはいるものの、まだまだ人数が足りません。人々のあまりにも遅い気づきと行動レベルに、地球はもう待つことができなくなっています。

このまま行けば、また地球は一掃《いっそう》され、すべてやり直しになることでしょう。新しい地球の活動が始まったのは、二〇一〇年あたりからでした。宇宙から、多くの方へ向けて、呼びかけのメッセージが送られていました。

新しい地球の時代が来た
立ち上がる時期が来た
愛の覚醒《かくせい》の時代が始まった

そんな素晴らしい内容でした。

でも、いったいどれだけの人が、受け取ることができたのでしょうか。

二〇一〇年から、このようなメッセージが毎日届きましたが、このように同じ内容に特化したメッセージが何度となく届くという状況は、私が今世に生を享《う》けてから初めてのことです。
そうして一年が過ぎる頃には、

流れの進まない状況が、刻一刻と積み重なっていく

というメッセージが、たくさんの方へ向けて発信されています。

このまま行けば、地球空間が滞《とどこお》る

滞るとは動かない、徐々に腐る、つまり地球空間が腐ってしまうという意味です。

地球を維持するため、地球が一掃される

今、そういう時期に差しかかり、ちょうどそのタイミングであるということ。
必然的にこのタイミングを選んで生まれてきた私たちは、何もせずに、ただ傍観しているだけでよいのでしょうか。

だってしょうがないし……で終わらせてよいのでしょうか。

未来に残される子どもたちはどうなるのでしょう。

愛する魂の仲間たちと、この美しい地球は、どうなってしまうのでしょう。

何かしたほうがよさそう、何かしなければ……

そう信じられる魂たちよ、いざ立ち上がれ！


私は幼い頃からスピリチュアルな環境に恵まれていました。

当たり前のように、スピリチュアルなことを話す母親と、祖母がいました。

母親が「火の玉を見たことがある」とか「金縛りにあった」という話をして、家族で盛り上がったこともありました。

ふつうなら、言ってはいけないようなことも、わが家では、言ったほうがよいとされていたため、いつも自然体でいられました。

家族から学んだのは、たとえ家族であっても、それぞれ役割がちがうこと。

母親は、自分自身は無宗教なのに、ある宗教のお偉い方が相談に訪れるたび、学び（説教）を教えていました。

いっぽうで、母親は私から学んでいました。今思えば、幼い子どもによくも難しい質問ができたものだと思います。自分がよくわからないことを私にたずねて確認したり、テレビに出ているときにはいつも意見を求められました。

「テレビに出ている有名なあの○○先生、どう思う？」

「うーん、動物系よね」

「やっぱり」

そんな調子です。

ちょっと変わった親子でした。

母親が幼い頃からサイキックカードで遊んでくれたせいか、私が得意なのは、ビジョンを見ることです。頭の上あたりに大きなスクリーンがあります。

幼稚園に入る頃には、次元があることに気づき、オーラやエネルギー体が、当たり前のように見えていました。

さらに、手のひらに目のようなセンサーがあります。祖母もまた、手をかざして病気を治したり、メッセージなどを伝えていたそうです。

その二つが、大きな特徴です。

とはいえ、そうした能力にただ恵まれていただけではありません。

私は生まれつき、免疫力がふつうの人の十分の一しかないため、重度のアトピー、紫外線アレルギーなどさまざまな疾患を持っています。いまでも病院で検診をすると、即入院レベルの数値なので、医師が驚いて「もう一度検査しましょう」と必ず言うほどです。

自分なりに代替療法を駆使《くし》してなんとか生き延びていますが、ある意味、命がけで、スピリチュアルに生きている、と言えます。

母親からよく言われていた意味深いことが二つあります。一つは、「あなたは前世で私の母親だったのよ」で、もう一つは「あなたは表に出るのよ」です。

私もごく普通に「そうだね」と返事をしていましたが、「表に出るってどういうことだろう？」と思いつつ、どこかで未来を覚悟していました。

今になってみると、こうして本を書かせていただいているのも、けっして自ら望んだわけではなく、運命の流れによってそうなっているのです。

幼い頃から訓練させてもらっていたことと、男まさりな性格のおかげで、勇気を持って、流れを受け入れることができた、と言うべきかもしれません。

人からどう思われてもいい、私には、認めてくれる家族がいるから。そう考えることができました。

これから勇気を出そうとしている方は、私が認めて、あなたの味方になります。

勇気を出す人が増えてきたら、ますます心強くなります。

みんなでやれば、怖くない！

みんなで言えば、怖くない！

愛をベースに、愛のある行動をしよう！

宇宙が味方なのだから、絶対に大丈夫！

そんな思いから書かせていただいたこの本が、みなさんの勇気のもとになりますように。そして、どんなに小さいことでもかまわないので、みなさんのお役に立ちますように。

1章 私たちは地球へ何をしに来たのか？

私たちは、この宇宙に数え切れないほどたくさんある銀河のなかから、自らこの銀河系を選び、そのなかの太陽系を選び、そのなかの地球を選んでやって来ました。

①大宇宙 ← ②銀河系 ← ③太陽系 ←

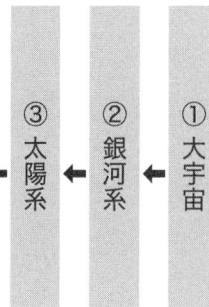

④地球 → ⑤日本 → ⑥都市 → ⑦両親

大きく分けると、この七つの段階を、私たちはすべて自ら選んで来ています。

なぜそう言い切れるかと言うと、私は、自分がこれら七つを選んで来たことを、幼いとき鮮明に覚えていたからです。

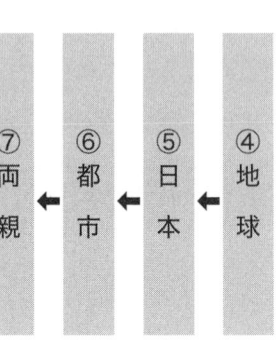

実際、私は幼い頃より、そのことを、当たり前のように知っていて、何の疑いもなく口にしていました。誰かに物語を読んでもらったとか、誘導されたからではなく、はじめから確信があったのです。

その後、海外の文献などで知ったことですが、世界各地で、幼い子どもたちが、

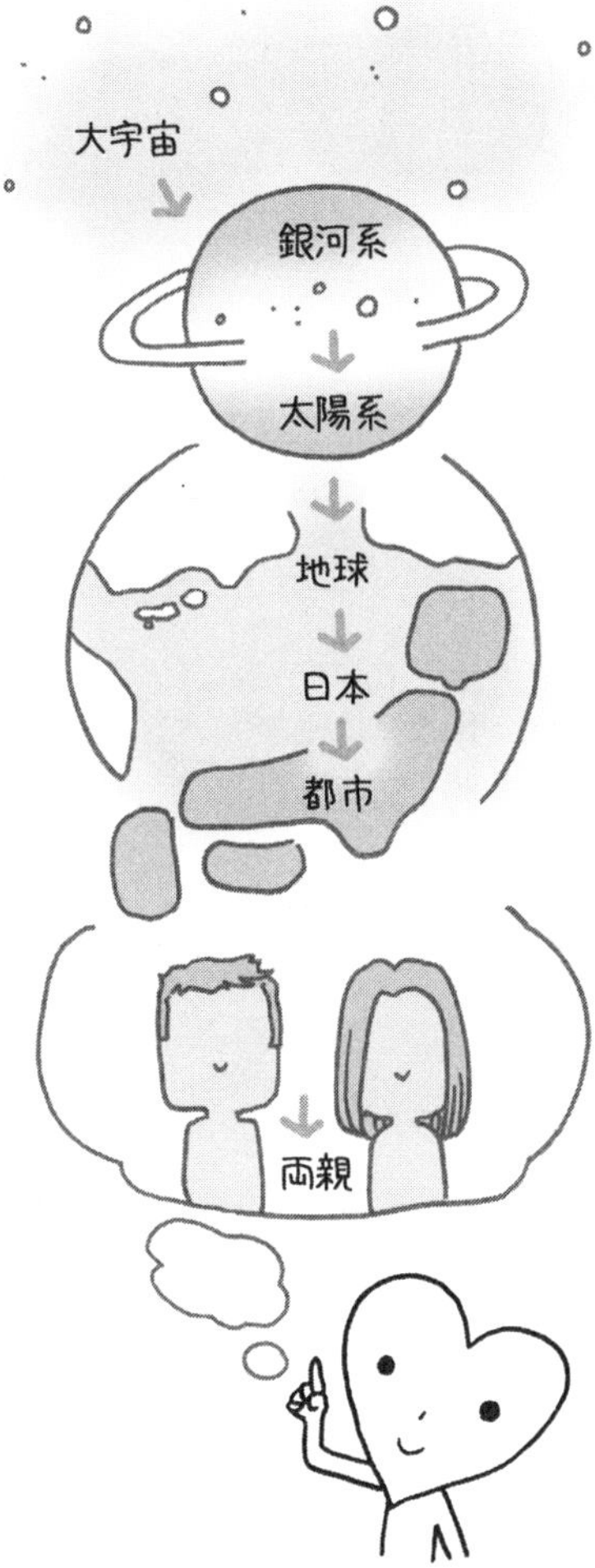
大宇宙
銀河系
太陽系
地球
日本
都市
両親

生まれる前のこと、魂だったときの世界について、まるで示し合わせたかのように、似た話をしているそうです。

私の母親は、魂の世界についての理解が深かったので、それを受け入れてくれました。当たり前のように、前世や今世について話すことができる話し相手だったのが幸いでした。

さらに、私のなかに存在する素晴らしい感覚、この世に生をなす前の記憶や感覚の一つに、私の両親にたいする、人間界のレベルでは測れないような大きな「愛」があります。

私は両親のことをとても愛しています。

言葉ではこう表現することしかできませんが、言葉では表現できないレベルで、深く愛しているのです。

私のなかに、あふれんばかりの愛が尽きることなく湧き出てくる、大好きで大好きで仕方のない状態で、無条件で無限のような愛を感じてやまないのです。

それは今でも変わっておらず、愛を感じ続けています。

ただし、そんな感覚とは裏腹に、人間の世界で三次元的に見た限りでは、とてもそんな愛にあふれた素晴らしい家族と言えるような関係ではありませんでした。
魂の関係と三次元での人間関係とは別物、そう割り切って、生活しているような印象がありました。

魂は知っているけれど、肉体は知らない——そんな関係性があるのが、地球界の面白いところかもしれません。

魂と人間に関しては、後ほどくわしく触れていきたいと思います。

宇宙の神秘は科学が証明している！

「松下先生がよく使う言葉で、〝宇宙○○〟とありますが、その宇宙とは何ですか？」と、たびたび聞かれます。〝宇宙〟も、人によって認識がさまざまに異なる言葉の一つです。

私にとっての〝宇宙〟とは、いわゆる天文学上の宇宙ではなく、「大いなる何者か《サムシング・グレート》が創造した宇宙」を指します。

私たちの住む宇宙には、なぜ知的生命が存在するのでしょうか。

近年、多くの科学者が、私たちの宇宙は、絶妙にコントロールされて、知的生命の存在しうる宇宙になったと考えているようです。

たとえば宇宙には、光速や、電子の質量など、ある「決まった値」があります。それらの値がすべて、知的生命を存在させるためにその値になっているとしか言いようがないほど、絶妙な数値なのだそうです。

著名な物理学者であるスティーヴン・ホーキング博士は、その著書『ホーキング、宇宙を語る』のなかで、次のように書いています。

「できごとは恣意的に（気ままに）起こるのではなく、神意によるのかどうかは分からないが、とにかく背後にある何らかの秩序の反映であることを、徐々に理解してきたのが全体としての科学の歴史である」

同書には、天文学者ジョージ・グリーンシュタインの次のような言葉も紹介されています。

「すべての証拠を眺めながら、何か超自然的な存在者がかかわっているという思いが絶えず浮かんできます。そう言うつもりはなかったのに、私たちが知らないうちに絶対的存在者がいる証拠を発見してしまったのでしょうか。私たちのために宇宙を摂理的に設計したのは神だったのでしょうか」

さらに、理論物理学者のポール・デイヴィス博士は『宇宙の起源』のなかで、「その裏に、黒幕的な何かが存在している強力な証拠が見えます。……宇宙を作り上げるために、まるで誰かが自然界の定数を微調整したかのようです。……すべてがデザインされている、という印象は強烈です」と語っています。

このように、いまや先端的な科学者のなかには、スピリチュアルな考え方を信じる人が少なくないのです。「創造主の意志」なくしては、この宇宙は存在し得ないと確信したからでしょう。

なぜはるばる地球まで来たのか

これは、私の知っている情報のなかでも、何千年、何万年たっても変わらないことの一つです。

私たちは、はるばる地球まで何をしに来たのでしょうか。

私も何度考えたかわかりません――私たちの存在の基盤と言えますし、人によく質問されることでもあります。

なぜ、何をしに、地球へ来たのか。

大きく分けると、二つの要因があります。

私たちは地球へ旅をしに来た

もう一つは、

果たすべき目的があって地球に来た

この二つです。

①地球旅行

②使命達成

このような言葉がしっくりします。

まず一つめを説明すると、**私たちは、大宇宙のなかでも最も楽しい、「美しい水の惑星＝地球」をエンジョイしにやって来ました。**

ディズニーランドでアトラクションを楽しむように、「地球ランドでのさまざまな体験をエンジョイしに来た」のです。

それも、地球ランドのプレミアチケットを何千年もかけて入手し、一緒に行く仲間と綿密に計画をたてて、あこがれの地にはるばる遊びに来た、という感じです。

そして、たくさんあるアトラクションを、順番に、何時間も並んで体験し、よりよいすてきな思い出をつくろうとしています。

遠くからはるばるやって来たディズニーランドで、メリーゴーラウンドだけで終わりなんて悲しいですよね。せっかく来たのですから、時間やお金が許すかぎり、あらゆるアトラクションを体験したいはずです。

だから、地球ランドでも、ゆったりとしたメリーゴーラウンドだけでなく、アップダウンの激しいジェットコースターに乗ったり、お化け屋敷にも入って、全身でいろいろな感覚、感情を体感します。

このように、ディズニーランドへ遊びに行くような感じで、「地球ランドをエンジョイする」とイメージすれば、わかりやすいと思います。

地球ランドのアトラクションは、

つらいことや悲しいこと＝ジェットコースターやお化け屋敷
うれしいことや楽しいこと＝メリーゴーラウンドやパレード

といった感じです。

次にいつ来られるかわからないので、せいいっぱい、思い残すことのないよう、多くのことを経験し、体で感じたい――それが地球旅行、地球ランド計画なのです。
②の使命達成に関しては、２章でくわしく触れていきたいと思います。

地球
ランド

感情をエンジョイする

私たち人間は、地球上でも唯一、複雑で多様な「感情」を経験することができる存在です。喜怒哀楽と言いますが、喜びにもいろいろな種類がありますし、哀しみもさまざまです。

感情こそ神秘であり、人間だけが感じることのできる、素晴らしい体験なのです。

地球ランドのアトラクションを楽しむのは、まさに「感情をエンジョイする」ためです。

唯一、地球でしか味わえない、人間ならではの感情を味わうために、私たちははるばるここまでやって来ました。

つらいこと、悲しいことは「宝」です

一見、つらい、厳しい経験であっても、それを充分味わうことによって、初めて体験できる「幸せ感」があります。

ネガティブな感情をともなう経験を避けたり、逃げたりして、楽なことばかりしていると、逆に幸せを感じることができなくなります。

どんなにつらそうに、苦しそうに見えても、それはあくまでも感情を味わうために起こる「一つの出来事」にすぎず、未来のために必要だからこそ起こるのだと考えれば、何も怖がる必要はなくなります。

人生の通過点で起こるさまざまな出来事にたいして、世の中の固定観念や人の意見に左右されて、宝になるかもしれない経験を避けてしまうと、自分の人生というドラマの価値を下げることになります。

自分の人生の経験は、自分で選択したほうがいい

つらいこと、悲しいことを体験して初めて「感謝」できるようになります。

つらいこと、悲しいことを体験して初めて「幸せ」を感じられるようになります。

つらいこと悲しいことは、感謝や幸せのためにあるのです。

思考を上手にコントロールし、思い切りあらゆる経験をして、感情を味わいつくして、エンジョイしてみましょう。そして、わからないこと、知らないことを積極的にやってみましょう。

想定外のことにチャレンジすることこそが、人生を大いに楽しむ秘訣です。

つらいことが起こったら、思いっ切りつらさを感じてみよう
悲しいことが起こったら、思いっ切り泣いてみよう
うれしいことが起こったら、思いっ切りうれしさを感じよう
楽しいことが起こったら、思いっ切り楽しもう

このように、いろいろな感情を思い切り味わうことによって、必ず素晴らしい気づきがあります。

私たちは決して、楽なことだけを体験しに来たわけではありませんから、ネガテ

イブなことも含めて思う存分、味わうほうが賢明なのです。

そして、さまざまな感情を幅広くエンジョイできるようになったとき、私たちはようやく、どんなことでも恐れずあわてず直面し、着実に乗り越えていけるようになります。

人間は、地球上で唯一、感情を表現できる存在です。

最高の波動を出せる、素晴らしい存在です。

これからご紹介する宇宙の法則を理解し、どんな感情でもエンジョイすることを受け入れられたら、美しい、すてきな地球体験をもっともっと深く味わえるようになります。

地球ランドをレッツトライ！
あなたの幸せを応援しています
人間だからこそ体験できる、いろいろな感情をエンジョイしよう！
それが、あなたがハッピーになるコツです

目には見えない世界がある

この宇宙には、人間の目に見えない「空間次元」や「法則」があります。「目に見えない世界」とは、たんに人の肉眼では見えないだけで、実際にはちゃんと存在しています。

光の波長（100〜1000ナノメートル）のうち、人間の目に見えるのは380〜780ナノメートルの範囲に限られています。さらに光以外に、電波、赤外光、x線、γ線などの波長があります。人の視覚がいかに限られているかを知っていれば、人間の目には見えない世界のほうがずっと豊かであることがわかります。

目に見えないその世界は、私にとっては「視《み》る」という言葉が合っています。

以前、オーラの本を出版する際、「オーラがみえる」と言うとき、肉眼ではっきりと色が認識できるのか、どう表現すればよいのか、あらためて考えさせられました。そのときはオーラは「観《み》える」のだということになりました。肉眼で見えるのではなく、心の眼で感じる=観える、ということです。

目に見えないけれど存在するものについては、説明がとても難しいですが、この本では、あえて宇宙界の真実、基礎知識として紹介していきたいと思います。

宇宙界事典

【次元】

次元の定義には、いろいろな説があります。

一般的には地球は三次元世界ですが、地球表面だけをとらえれば、緯度・経度で位置が指定できる二次元世界とも言えます。また、時間を指定して待ち合わせなどもするので、四次元世界ということにもなります。

ごくシンプルに表すと、

・三次元＝地球

地球界にある目に見えるもの、もしくは目には見えなくても解明されているもの

例：重力や空気など

・四次元＝宇宙

地球界にはない世界、地球には存在しないまったく異なる要素

例：無重力や、人間の目に見えず、解明されていないもの

・異次元＝異なった世界

例：別世界、別天地、異世界、パラレルワールドなど

三次元、四次元と異次元はつながっています。というより、「同じところにある」と言うほうがよいかもしれません。

三次元と四次元は直通で、異次元は隣り合わせ、といった感じです。

実際には、宇宙のなかに地球があるので、つながっていると言うより、そのなかにある、と言うほうがよさそうです。

【空間次元】

さらに、やはり目に見えないものに、空間次元があります。

人間レベルでは、「空間」は目に見えないものです。日本語では「空＝から」「間＝あいだ」となってしまうので、何もないスペースのようにとらえがちです

が、実際の「空間」はとても豊かなスペースなのです。

人間レベルでたとえると、目に見えない空気や微生物、菌など、たくさんの生物や原子などの存在で満たされています。もっとも、バイ菌などがすべて見えてしまったら、息をするのもいやになるかもしれませんが。

「空間」を辞書で調べると、このようになっています。

くう-かん【空間】

1　物体が存在しないで空いている所。また、あらゆる方向への広がり。「——を利用する」「宇宙——」「生活——」

2　哲学で、時間とともにあらゆる事象の根本的な存在形式。それ自体は全方向への無限の延長として表象される。↓時間

3　数学で、理論で考える前提としての一つの定まった集合。その要素（元）を点とよぶ。普通は三次元のユークリッド空間をいう。

4　物理学で、物体が存在し、現象の起こる場所。古典物理学では三次元のユークリッド空間をさしたが、相対性理論により空間と時間との不可分

な相関性が知られてからは四次元のリーマン空間も導入された。

「デジタル大辞泉」より

この、目に見えない空間のなかに、人間の感情や思いなども存在します。量子力学的な世界になりますが、「そこにある」のです。私には点々にしか見えませんが、たしかにあります。たとえて言えば、テレビのブラウン管の三原色のような感じです。ブラウン管をよく見ると、全面、三色の点々になっていますね。

専門家ならもっとちがう説明の仕方があると思いますが、専門家でない私たちには、ブラウン管の点々がイメージしやすいかと思います。

私にとっては、空間＝次元であり、空間次元は無数の層のようになっています。肉体は同じ場所にいても、精神・魂は異なる次元にいて、見えているもの（見たいもの）もちがっている、そんな状態です。

異なる次元に出入りすることは自由です。異なる次元の魂どうしが出会うときはいつも、この出会いにはどんな意味があるのだろうと、わくわくします。

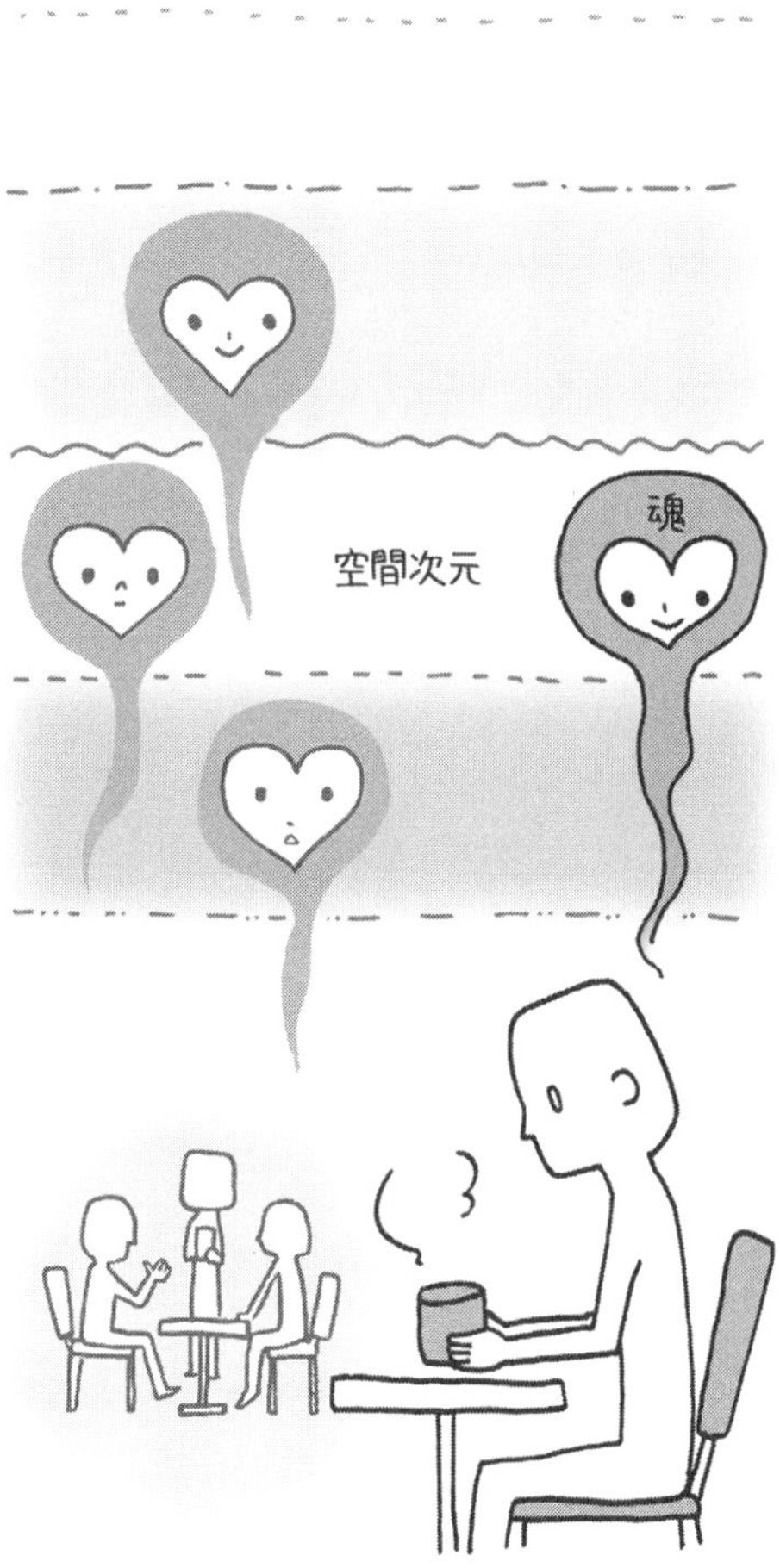
魂
空間次元

私は、目に見えない世界を観る訓練をするために、「オーラ講座」を開催しています。まさにそうした訓練が必要だという、宇宙からのメッセージを受け取って、開講を決めました。

オーラの存在を心の目で感じて「観る」ことから始まって、オーラの色や形を観ることに発展し、最終的には、ひと昔前なら特殊な人にしかできなかった、アストラル界を観る訓練をする講座です。

人間の目には見えないアストラル界は、地球界ではいまだ解明されていない世界です。

他の進んだ惑星の方々にはすでに常識となっていますが、アストラル界のことがこの地球でも常識として認識されるようになると、ずいぶん世の中がちがってくるだろうと思います。

個人的には、講座名も「アストラル講座」としたいくらいなのですが、目に見えない世界を観ることの重要性を一人でも多くの方にお伝えできたらと考えています。

宇宙界事典

【宇宙法則】

宇宙法則とは、すべてのものにあてはまる、すべてのベースである一定の法則のことです。

スピリチュアルな環境の家庭に生まれ、四十数年間生きてきたなかで、私は宇宙法則というものが「ここにある」ことを確信しました。

宇宙法則とは、「大いなる何者か《サムシング・グレート》」がつくった森羅万象における原則であり、すべてはこの法則にのっとっています。

私たちの住むこの地球は、そのすべてのなかのごくごく小さな存在で、人間はさらにそのなかのごくごく小さな存在です。

宇宙法則は、私たち人間レベルでは理解することができません。

人が感じ取れる五感の領域、そして人の能力はごく限られています。私たちは生きるために呼吸をしていますが、その空気が見えないし、空気がないところでは生きていけません。ところが、水中で呼吸ができる生物がいます。水中でも地上でも生きられる生物もいます。地球上に生息する動物だけでも百万種以上いて、昆虫やウイルス、細菌類、植物まで合わせると一千万種以上いるのですから、さらに宇宙規模での多様性など、とても想像がつきません。

人間はすべてのなかのごくごく一部の小さな世界だけでやっと生きられる、能力の限定された生き物ですから、宇宙のことなどとうてい理解不能なのです。

そのようなわけで、人間の頭で理解することは難しいのですが、私が知るかぎりでは、宇宙には次のような一〇の基本法則があります。

《意識（思考）の法則》

すべては宇宙意識によって、「大いなる何者か《サムシング・グレート》」によってできています。それがなければ宇宙は存在しません。すべてのものは、宇宙全体か、宇宙のなかの単位によってなされる思考の結果です。

《一体の法則》

すべては宇宙の現われ、宇宙の一部です。すべては一体、ワンネスなのです。

《原子の法則》

すべての物質は、原子＝陽子：中性子（「マル描いてチョン」であらわします）から成り立っています。

《振動の法則》

すべてのものは、異なる振動により存在しています。万物はつねに振動しており、不活性や静止という状態は厳密には存在しません。さらに同じ振動数のものは、共鳴する性質を持っています。

《二極（陰陽）の法則》

宇宙のすべてのものには陰と陽という対極があること。プラス極とマイナス極の二極関係のこと。たとえば太陽と月、男性と女性、表と裏、善と悪、明と暗というように、すべてのものには両極があります。

《循環の法則》

すべてのものは、振動し、変化と進歩を続けています。
よい循環が始まれば、よりよい方向へとさらに循環し、逆によくない方向への循環が始まれば、いっそうよくない循環へと進んでいきます。

《周期の法則》

宇宙レベル、地球レベル、人間レベル、植物レベルの各グループによってサイクルの異なる周期があり、始まりがあって終わり、終わりがあって始まりがあります。植物で言うと、芽が出て花が咲き種ができて、また芽が出るというように、それぞれ周期があり、その周期によって変化します。

《時間（空間）の法則》

空間は、タテとヨコで構成されており、時間は空間内の振動によってつくられます。私たちは、宇宙の法則にのっとって、時間や空間の次元を選ぶことができます。よって空間とは、私たちが共通に認識できる空間だけとは限らないのです。

《引き寄せの法則》

すべては選択の結果の現われです。実現した結果にたいする態度と行動が、次の新しい結果をもたらす選択と引き寄せをもたらします。

【感情レベルの次元】

感情レベルは、〇から一〇〇へと水平方向に測れるだけではなく、上下に測れるレベルもあり、基準を一つ決めるとすると、空間次元のなかの一点となり、さらに、説明が難しいのですが、時間との関係も含めた次元が存在するので、単純な三次元空間にはおさまりきれません。地球界の常識とは異なる世界になりますが、その次元は、実際にはつねに同じ「そこにある」のです。

現時点では、一般に知られている感情の種類は、大きく分けると「喜・怒・哀・楽・恐・愛」の六種類と言われていますが、生理学的によりくわしく分けると、感情だけでも二〇種類以上に分類できるそうです。

人間の感情を細かく分析・分類するのは、三原色から無限に色を生みだす作業に似て、境界のない世界に迷い込むような、未解明の分野だということです。

宇宙法則的には、〈エンジョイレベルの次元〉〈悲しみレベルの次元〉も存在します。同じエンジョイや悲しみでも、人によって段階レベルや度数、パーセンテージがちがってきます。しかも、そのパーセンテージや度数に関しては、マックスが一〇〇かというとそうではなく、一〇〇以上の数値が当たり前に存在します。測り切れない無限の可能性を秘めているのです。

さらに、私たち人間の脳は、地球界で適応して生きるためにおよそ二パーセント程度しか使わないように設定されているそうですから、宇宙には人間レベルでは理解不能なことがたくさんあるのです。

現に自分という存在をかたちづくっている六〇兆の細胞ですら、計り知れない神秘です。もしも、人間の脳を一〇〇パーセント使える日が来たら理解できるのかもしれません。そんな経験もぜひしてみたいものです。

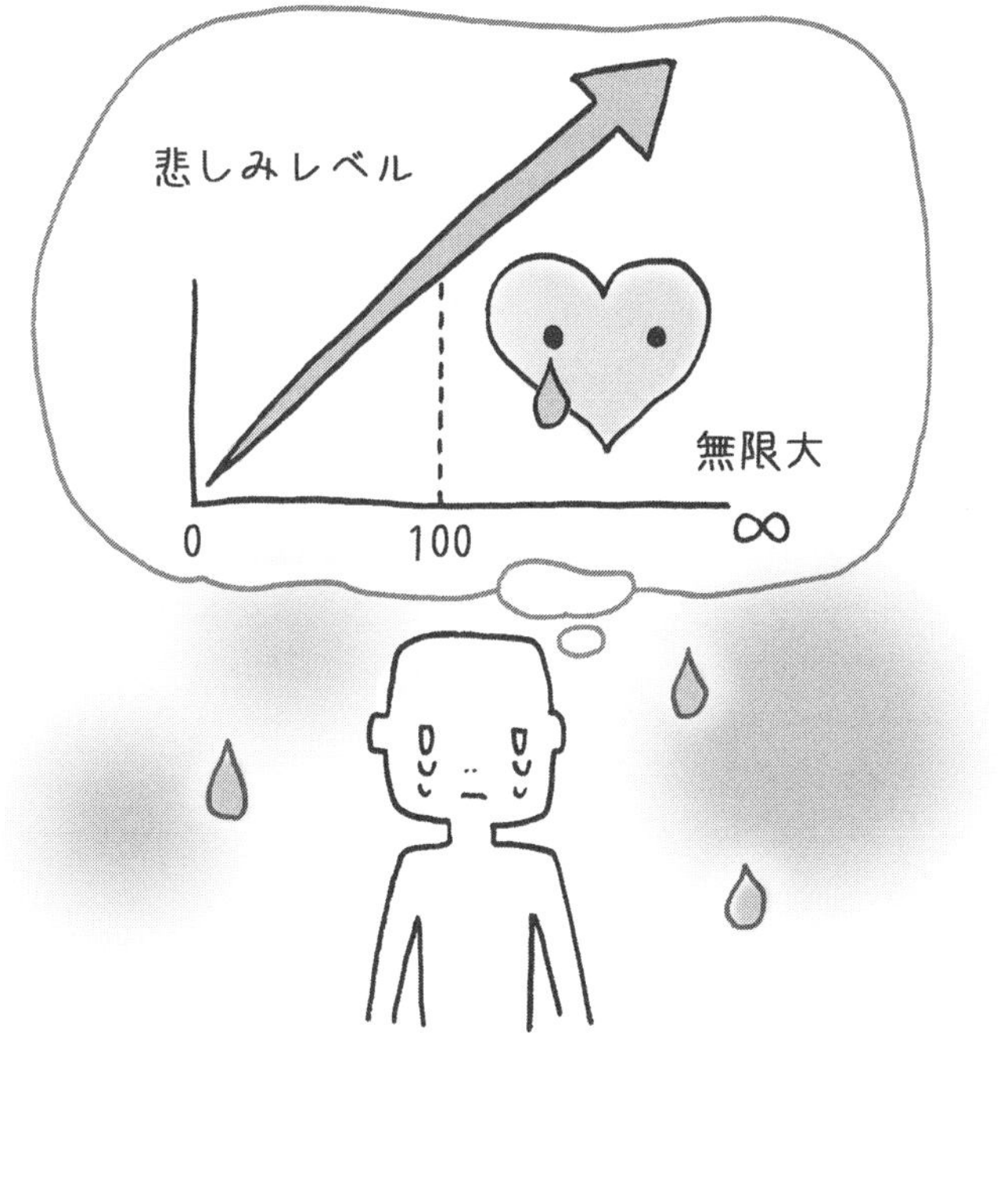
悲しみレベル
無限大
0
100
∞

八つの世界

私たちの住む宇宙にはベースとなる愛の法則があり、たとえるなら、その法則は、DNAの配列があたり一面、無限に広がっているような感じです。上下左右どころか、ありとあらゆる方向に、無限に広がっているのです。

私たち人間が知っている愛とはくらべることができないほど、大きな愛です。

宇宙とすべてはつながっていて、すべてが宇宙法則のなかにあり、電波のように波打ち、スパイラルしています。

私たち人間の体には、宇宙とつながっていると昔から言われる、チャクラのようなエネルギーセンターを主体とする法則があります。

本来は、すべてのチャクラが宇宙とつながっているのですが、人間の意志によりつなげたり、つなげなかったりする部分があります。

大きくグループ分けをすると、チャクラと同じ七つのベースがあり、人間の外側(=宇宙)を含む「八つの世界」があります。

1 生命
2 活力
3 精神
4 心
5 自己表現
6 真実
7 宇宙
8 大いなる宇宙

気の世界は、肉体、幽体、アストラル体、そしてその外側に広がるオーラの重なりから成り立っており、これらが一つになって初めて「人間の体」となります。第一チャクラにたとえると、第一チャクラから第三チャクラまでが地球界で、第四チャクラは中間世界、第五チャクラから第七チャクラまでが宇宙界で、第八チャクラは宇宙そのものの世界を指します。ですから、第四チャクラを境に、アストラル界とするのが最もわかりやすいたとえとなります。

第四チャクラ以降の目に見えない世界、アストラル界をどのように取り扱っていくかが重要になってきます。

八つの世界をもう少しくわしく説明すると、次のようになります。

1	生命	人間として生きるための命。衣食住により支えられる。
2	活力	人間として生きるための活力。性や、エネルギッシュな行為、行動。
3	精神	精神のバランスや価値観などを司るエネルギー、体験や体感、経験。
4	心	人間界を生きるためのベース。純真無垢な状態から体験を積み重ねていく。
5	自己表現	自己を表現するためにコミュニケーションを図るツール。
6	真実	真実の目とも言われる。方向性を選別し、真実を観ることを促す。
7	宇宙	宇宙のメッセージやエネルギーを取り入れられるようになっている窓口。
8	大いなる宇宙	肉体の部分ではなく、肉体の外の部分のつながりであり宇宙の一部分であるサムシング・グレートの世界。

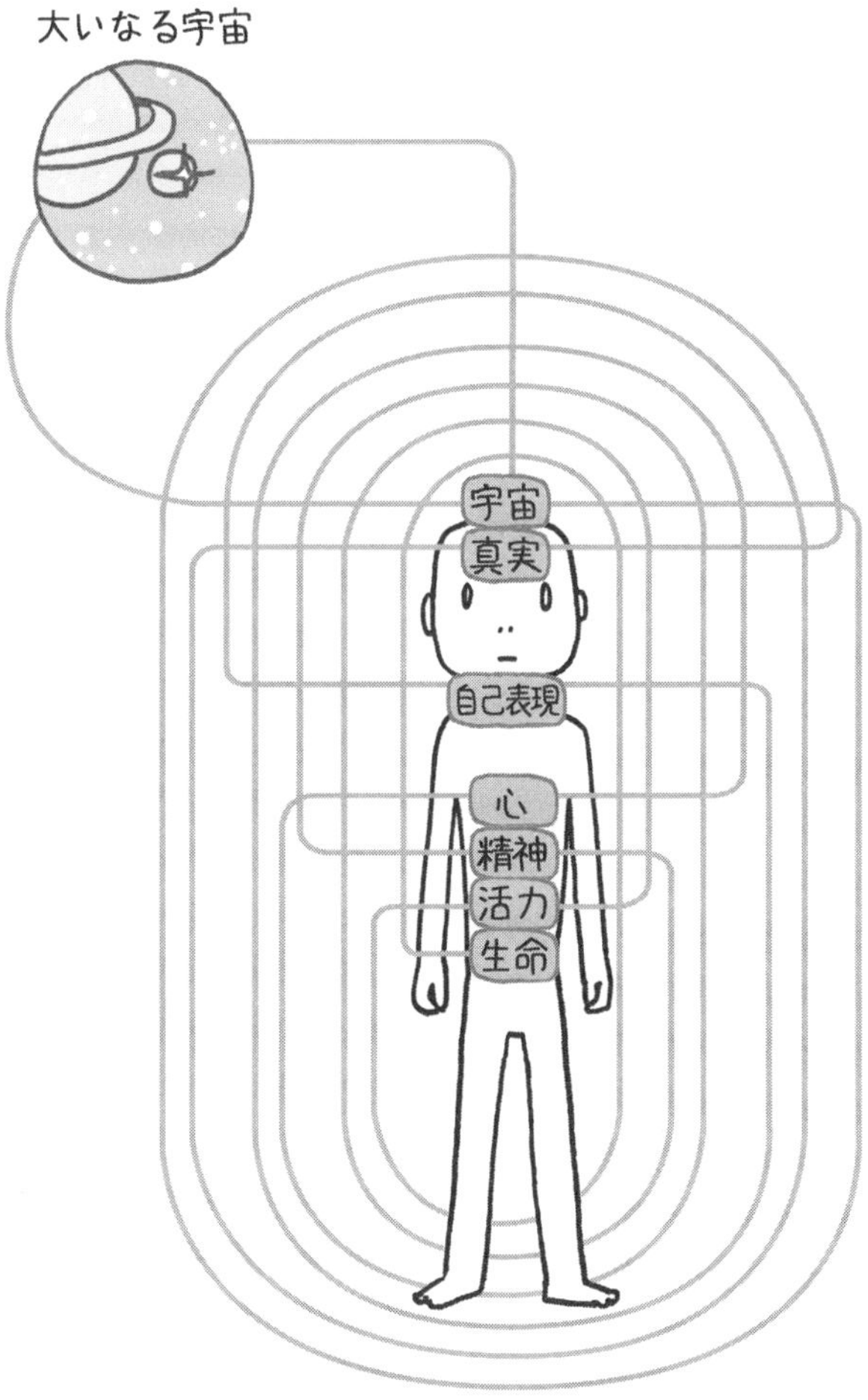
大いなる宇宙
宇宙
真実
自己表現
心
精神
活力
生命

本来はこれらがすべてつながって世界は成り立っていますが、**人間として生まれてくるときには、4と8を切り離し、記憶を消した状態で地球へ来ます。**そして、魂の成長とともに、この重要な4と8のつながりを回復していくという、素晴らしいプロセスがあります。しかし、その人がどちらかに固執してしまうと、最も困難な世界となってしまいます。

幅広くある次元のなかで、すてきだと思える世界から、すてきではないと思える世界まで、地球(人間)界をどう感じることができるかが、このプロセスで決まってきます。

これらのつながりのバランスをよくしなければ、偏った人間になってしまい、物事がスムーズに進まなくなります。

すべては調和=バランスであり、バランスが崩れれば不調和となってしまいます。すべてと仲良く暮らすことで、物事のバランスがとれていきます。

宇宙法則では、空間や次元のバランスが、最も大切に扱われています。つねに調整されながら、バランスを保っているのです。

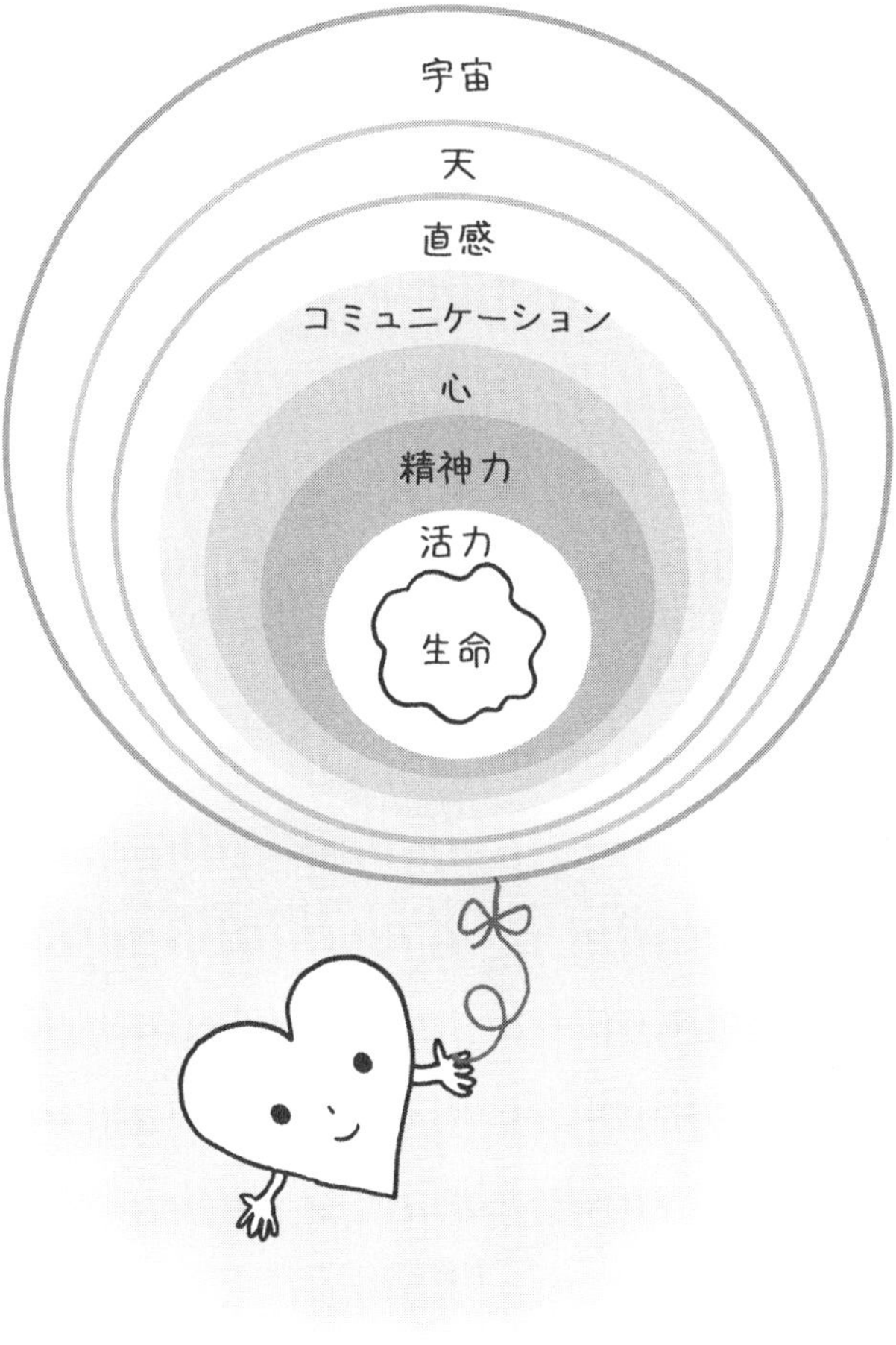
宇宙
天
直感
コミュニケーション
心
精神力
活力
生命

バランスが偏ると、バランスを整えるためにクリアリングをすることになります。

クリアリングとは浄化のことで、地球は今、バランスが偏ってしまっているために、偏りを一掃するような、浄化の時期に入っています。

簡単に言えば、ゴミがたまりすぎたので掃除する、整える、といった感じです。部屋にゴミがたまってきたら、ゴミを捨てますよね。そのような感じです。

私たち人間にとっての天災は、地球や宇宙レベルで言えば、必要なクリアリングを行っているに過ぎないのです。

それを避けるためには、愛のある、「愛の度数」の高い地球ライフスタイルを構築することで、地球のバランスを崩さないようにすることが大切であり、私たち人間の日々の行いが重要となります。

2章 あなたは誰？ 私は誰？

1章で述べたように、私たちの世界には、目に見えない空間次元があり、その目に見えない空間に、人類、そして宇宙にとって重要な神秘が隠されています。目には見えないけれど、それは最も重要なことなのです。

私たちは、たくさんある惑星のなかから、この地球を選んでやって来ました。この地球で、自分のドラマを始めたのです。

もちろん、自分が主役のドラマになります。そのドラマに登場するのは、グループソウルの魂たちです。

ここでグループソウルやソウルメイトについて、ご説明します。

宇宙界事典

【グループソウル】

たくさんの魂のなかで、今世を共にする魂のグループのこと。

たとえば、挨拶をかわす程度の顔見知り、同じ会社の人や、通勤電車のなかで同じ時間に同じ車両に乗った人たちや、買い物に行く途中ですれちがう人たちのこと。言葉を交わすか交わさないか程度の、映画のエキストラのような存在です。


【ソウルメイト】

グループソウルにくらべて、もっと縁のある魂のグループのこと。

たとえば、学校のクラスメイトのなかでも、とくに親しくなる友人たちなど。

いわゆる、挨拶以上の関係性を持つ魂たち。


【ツインソウル】

前世から縁の深い魂。前世も親しい友達だったり、夫婦や親子、兄弟だったりする魂のグループのこと。初めて会ったにもかかわらず、すでに知っているような感じがする、違和感のない存在の魂。

人間界において、結婚相手や人生のパートナーになりうるような相手は、ざっと五〇人くらいはいます。といっても、今世で全員と出会うわけではありません。人によって数はちがいますが、パートナーになるような存在の魂は一人や二人ではないということです。

ただし、人間界での命（生命）が短いために、ゼロからごく数人としか出会えないこともあります。もし一〇〇〇年ほど人間界を生きられるのであれば、仮に五〇年で一人のツインソウルに会えるとして、二〇人に出会えることになります。

現時点で、パートナーに出会っていない方も、いずれは出会えるでしょう。

【ファミリーソウル】

ＤＮＡのつながりはないが、家族のような存在になったり、実際の家族よりも深い関係性を持つ存在になる魂。

基本的に、関係性のある魂とは、自分のドラマに登場してくれる魂のグループで、その関係性が強いほど、自分の人生に大きな影響を与えたり、強いインパクトを残したりします。

地球で何をしたらよいのか

わたしたちは、人間界をエンジョイするために、この地球ランドを選んでやって来たわけですが、たった一人で地球へ来たのだとしたら、とても寂しいですよね。

でも、わたしたちは、グループとともにこの地球へやって来ました。そんな、素晴らしい魂の仲間がたくさんいるこの地球で、自分が主役のドラマを大いにエンジョイして、仲間にもどんどん出演してもらえれば、すてきな映画ができるはずです。

自分の人生は、自分のものであり、他人のまねをしても面白くありませんから、自分らしい、オンリーワンの映画づくりを楽しむことを、宇宙の「大いなる何者か《サムシング・グレート》」も望んでいます。

それでは、グループの仲間とともにはるばる地球までやって来て、いったい何をすればよいのでしょう？

それは、地球でしか体験できないこと、地球特有の体験をすればいいのです。

地球体験を満喫《まんきつ》するには――

地球には、重力があり、水があり、美しい自然がある

そのすべてを体験し、味わうこと

その地球上で人間として生まれるので、人間特有の体験を満喫すること。

人間体験を満喫するには――

人間は、生きるために食べて寝て、成長し、衰えていく

そして人間には、さまざまな感情がある

喜び、悲しみ、怒り、苦しみ、孤独……
人間だからこそ体験できることを、とことん味わうのです
そして、地球の神秘と人間の神秘を、存分に満喫するのがいいのです

「人間界＝修行」と言われることがありますが、修行という言葉には、つらく厳しいイメージがあります。山へこもって、心が揺れない状態をつくりあげる修行もけっこうですが、じつは下界こそが最も困難で、魂が最も修行を積める場なのです。

ですが、修行という言葉をつかうと厳しいイメージになるので、本書では、「エンジョイ」という言葉を使います。困難だってエンジョイできるのです。

地球を思いっ切りエンジョイしよう
人間を思いっ切りエンジョイしよう

人間界において起こることすべてに意味があり、無駄なことは一つもありません。

一見、ささいに思えるようなことでも、そこには必ず、素晴らしい神秘性が潜ん

でいます。それを見逃さないようにしたいものです。

たとえば、植物の種は、人間レベルではつくれません。ある種の遺伝子操作をすることはできても、種本体の基盤となるものをつくりだしたのは、「大いなる何者か」であり、植物も動物も私たち人間もすべて湧いて出たわけではなく、すべて何者かがデザインしたものなのです。

宇宙法則において「無駄なこと」は一つも起こらないようになっています

ささいなことが、後に起こるドラマティックなことへと、深層でつながっているからです。

人間がすべてではなく、魂がすべて（＝宇宙）です

ここで重要なのは、私たちは地球界に人間を体験しに来た存在であり、「私たち＝人間」ではないことです。

つまり、人間である自分がすべてではなく、魂がすべて（＝宇宙）なのです。

人間は寝ている間も成長している

人間の三大欲求の一つである睡眠。

人間はなぜ、人生の三分の一もの時間を眠っているのでしょうか？

じつは、人間は、寝ている間も成長しているのです。

私たち人間は、寝ている間に夢を見ますが、その夢が大変重要なのです。

私は夢を見るなかで、いつしか夢をコントロールできるようになりました。

そしてそこで学んだのは、夢のなかでも魂は成長できるということです。

よく、私が寝ている間のことをお話しすると驚かれるのですが、じつは、みなさんも体験していることで、ただ覚えていないだけなのです。

一般に「寝ている」という状態が、人それぞれ異なっていることをご存じの方は少ないかもしれません。私が寝ているというのは、目をつぶって、異次元に行くことです。

そのなかの一つをご紹介すると、たとえば、目をつぶっている（肉体）が意識体は起きているので、自由に行動することができます。イメージで言うと、目をつぶっているが目が開いている状態。要するに、目は閉じているのに、まるで目を閉じていないかのようにまわりが見えているのです。

もう一つは、ちがう次元をさも体験しているように、知らない人（じつは今世以外でソウルメイトなので知っている）たちとそのなかの物語をエンジョイしているときです。

夢の世界は、大きく分けて三つあります。

①レム睡眠に入るまで：覚醒状態から睡眠に入るまで
②レム睡眠：外見的には寝ているが、脳は覚醒状態にある
③ノンレム睡眠：深い睡眠状態

この①の状態が、異次元の入り口になります。そして、②、③に進み、また①へ戻り、を繰り返します。

このように、①~③までありますが、人によって状態は異なります。

私の母は、ほとんどが①の状態です。一日三時間くらいしか寝なくてよいようですが、その間も、いつでもすぐに起きられる状態です。本人いわく、ノンレム睡眠である熟睡状態は感じたことがないそうで、覚醒状態から睡眠に入るまでの次元を行ったり来たりしているようなイメージだそうです。実際、母が熟睡しているところを、私は幼い頃から一度も見たことがありません。

私がメッセージをもらうことが多いのは、この①のときです。

ちなみに私の妹は、②だそうです。妹は、いわゆる正夢のような、ビジョンを見るかたちで、メッセージを受け取ることにたけているのです。

夢の世界の成長段階である異次元はたくさんあって、とても全部は紹介しきれないのですが、おおよそ一〇種類に分類してみました(ご紹介しない部分もあることをご了承ください)。

夢の中での成長

①異次元の世界
②成長過程の心の反映
③未来の希望
④希望の反映
⑤現在の成長の反映

魂の世界を知ると、このように変わります。

⑥パラレルワールドの世界
⑦夢の世界のコントロール
⑧ソウルメイトとの体験
⑨異次元からのコントロール
⑩魂のバランスをとるための体験

夢は魂の成長過程の反映です。

①異次元の世界：宇宙の神秘や異次元の世界
②成長過程の心の反映：成長している過程を反映している夢
③未来の希望：未来の方向性を見せる夢
④希望の反映：自らが希望することを見せる夢
⑤現在の成長の反映：現在を反映する現実的な夢
⑥パラレルワールドの世界：並行している別の世界の現実として経験する夢
⑦夢の世界のコントロール：コントロールできる成長段階であることを確認できる並行世界の現実として経験する、自分が働いている夢
⑧ソウルメイトとの体験：今世では会ったことがないが、とても親しく思える登場人物との体験
⑨異次元からのコントロール：次元を超えてくる地球人もしくは、地球人ではないものの負のコントロールエネルギー
⑩魂のバランスをとるための体験：単純に魂のバランスをとるための夢

このように、睡眠と言っても、大きく分けて三段階の夢の世界があり、宇宙法則のなかには、無限に夢の種類があります。

さらに、魂の世界を知れば、ただたんに夢を見るわけではなく、グループ分けした夢の認識ができるようになります。

日本へ向けた宇宙からのメッセージ

日本人へ向けたメッセージが二〇〇九年以降、急激に増えてきました。

宇宙からのメッセージがたくさん届くようになりましたが、同じ内容のメッセージがこんなに何度も届くのは、わたしにとって初めてです。

できるだけ、ニュアンスの近い日本語を選んで、そのキーワードをご紹介します。

未来に夢も希望も持てないと思える、心やさしい魂たちよ
いざ立ち上がれ
現状に違和感を感じ、その感覚にしたがい
正しい使命を培《つちか》うのだ

時は来た
洗我《せんが》を解消し、美しい魂たちよ、新しい改革を始めよ
その心やさしい感覚を信じるのだ
愛のある美しい魂たちへ

◎二〇〇〇年以降のメッセージ／サムシング・グレート系

●今世――メインメッセージ：覚醒
キーワードメッセージ：自己の独立（自立）：調和：愛

愛する魂たちよ
準備を始めなさい
今世は覚醒の時代（＝時期）である
地球に新しい時代が来る
予定していたことを開始（＝覚醒）するのだ

魂（＝愛）の誇りを持って自立するのだ
今世は、愛と調和の時代である

◎二〇〇九年メッセージ／サムシング・グレート系

●もうすぐ覚醒の時代へ――メインメッセージ：覚醒
キーワードメッセージ：目覚め：二極化へ向けて

愛する魂たちよ
覚醒の時期に入った
目覚めるのだ
予定（行動）の準備をしなさい
これから二極化の時代が始まる
手放す準備を行いなさい

キーワードメッセージ／異星人系

愛する仲間たちよ
我々もサポートしている

◎二〇一〇年メッセージ／サムシング・グレート系

●覚醒——メインメッセージ：覚醒の時代が始まった
キーワードメッセージ：新しい地球の時代：二極化の世界へ

愛する魂たちよ
覚醒が始まった
仲間の覚醒をサポートせよ
二極化の時代が始まった
さあ、どんどん準備をしなさい

キーワードメッセージ／異星人系

愛する仲間たちよ
我々もサポートしている

◎二〇一一年メッセージ／サムシング・グレート系

●自己の確立――メインメッセージ：行動

愛する魂たちよ
今世は覚醒の時代（＝時期）である
予定していたことを開始（＝覚醒）するのだ
魂（＝愛）の誇りを持って自立するのだ
今世は、愛と調和の時代である

キーワードメッセージ／異星人系

愛する仲間たちよ
足踏みしなくていい
時間がない、とにかくメッセージを実行しなさい
歩きだせば、姿勢を見せることになるのだから
あなた方（リーダー）、あなたのソウルメイトをサポートします

◎二〇一二年メッセージ／サムシング・グレート系

●調和の世界へ――メインメッセージ：愛

愛する魂たちよ
魂（＝愛）の誇りを持って行動するのだ
今世は、愛と調和の時代である

キーワードメッセージ／異星人系

愛する仲間たちよ
予定外である
目覚めるのが遅すぎる人が多すぎた
予定を変更せざるを得ない
洗脳された調和（＝共依存）、それは、本当の意味での調和ではない
自己を確立し、本当の調和の世界へ歩きだせ、さあ、時は来た
一刻も迷う必要はない
各リーダーに告ぐ、道しるべとなりなさい
実行すれば、姿勢を見せることになるのだから
このまま行けば、地球は自分を一掃したがっている
もうすぐ一掃が始まる
気づきなさい、目覚めなさい
時間がない、さあ早く！

※これらのすべてのメッセージは、決して命令調ではなく、やさしい、柔らかな調子で伝えられています。

愛する地球を守りたい

二〇一一年に、メッセージを受け、急きょインドネシアのバリ島へ移住することになりました。もともと、海外には縁があったほうですが、移住という形で移り住んだのは初めてです。

バリ島に移住してから、さらに、宇宙から届く私個人へのメッセージがクリアになりましたが、それ以前の二〇〇九年にメッセージを受け、いわゆる私の使命の一つとして、二〇一〇年から続けていることがあります。

宇宙からのメッセージで、地球環境についての冊子をつくるように言われたのです。それも全部で五種類つくりなさい、と。

完全ボランティアでの発足が条件でしたので、イラストを描いてくださる方や冊子にしてくださる方、構成をしてくれる方やウェブデザイナー、配送作業など、冊子を広めるために必要な方々との出逢いを求め、活動を始めました。
すると、やはり宇宙からのご縁で素晴らしい協力者の方々が集まってくださり、一年をかけて、冊子やサイトづくりなど、みなさんの力で立ち上げることができました（I LOVE THE EARTH：http://love-theearth.com）。

地球の未来は⁉
地球の温暖化、オゾン層の破壊、海洋汚染、農薬や除草剤の使用による土壌汚染……。
私たち人間の身勝手な行為に、地球は傷つき悲鳴を上げています。
私たちの住んでいる地球は……
そして、子どもたちの未来はどうなってしまうのでしょう……。

小冊子では、このような形で問いかけを発信しています。
小冊子は、次の五冊です。

①地球環境
②生活必需品
③食について
④植物エッセンス
⑤宇宙的ライフスタイル

そのなかの一部をご紹介します。

愛する地球

宇宙は一つ、すべては一つ。

「一つである」という真実を、自分と他人、自国と他国、地球と宇宙人のように、別々であると思い込んでいるために、争いや奪い合いの心が芽生えるのです。

一番大きな次元の自分を意識した瞬間より、姿勢と行動が変わります。

宇宙というあなたのからだ全体の次元を意識して、今のあなたが全体の一部としてちゃんと構成している大事な仲間だとわかれば、よりハッピーな生活が待っているのが想像できるでしょう。

今地球が悲しい状況になっています。
沢山の人達がその事に気付きだしています。
平和な地球を取り戻すために、
私たちにも出来ることがたくさんあります。
出来ることから一緒に始めませんか？
自ら選んできた地球をもっともっとエンジョイする為に、
私たちのライフスタイルをもう一度見直しましょう。

当初は、この冊子をつくってどうなるのだろうと思いましたが、いざふたを開けてみたら、たいへん好評で、多めに購入して友達に配ってくれたり、私たちの活動を支持する励ましのメールを送ってくれたりと、多くの方が応援してくださっており、今ではもう何万冊か、世に出ていることになります。

いろいろな方が参加できるように、ブログに貼り付けられるバナーなどもつくりましたところ、本当にいろいろな方がそのバナーを貼ってくださって、活動を応援してくださっています。

メッセージにしたがって、宇宙を信じて実際に行動に移してみると、たくさんの方が地球環境のことを考えているとわかりました。きっかけさえあれば、そのような活動を応援したいと考えている意識の高い方々が、日本中にたくさんいるのです。

どうなるかわからないけどやってみよう、と実践したプロジェクトの一つでしたが、自分自身とても勉強になりましたし、やってよかったと思っています。

今でも、ボランティアスタッフ一同、頑張っています。

3章 真実の世界、現実の世界

三位一体――三つの領域の世界

宇宙法則のなかに、三位一体という考え方があります。

①肉体（＝物質）
②心（＝自己成長）
③精神（＝宇宙）

この、三位一体とオーラの構造はたがいに対応しています。この二つは、同じことを指しているからです。

オーラのエネルギー体には、次の三つがあります。

①生命体エネルギー
②感情や思考体エネルギー
③魂体エネルギー

さらに、これらの層は、グループとしてとらえることができます。

①生命体エネルギー↓肉体
②感情や思考体エネルギー↓気体
③魂体エネルギー↓幽体、ここから先をアストラル体と呼ぶ

この三つを三位一体に対応させると、

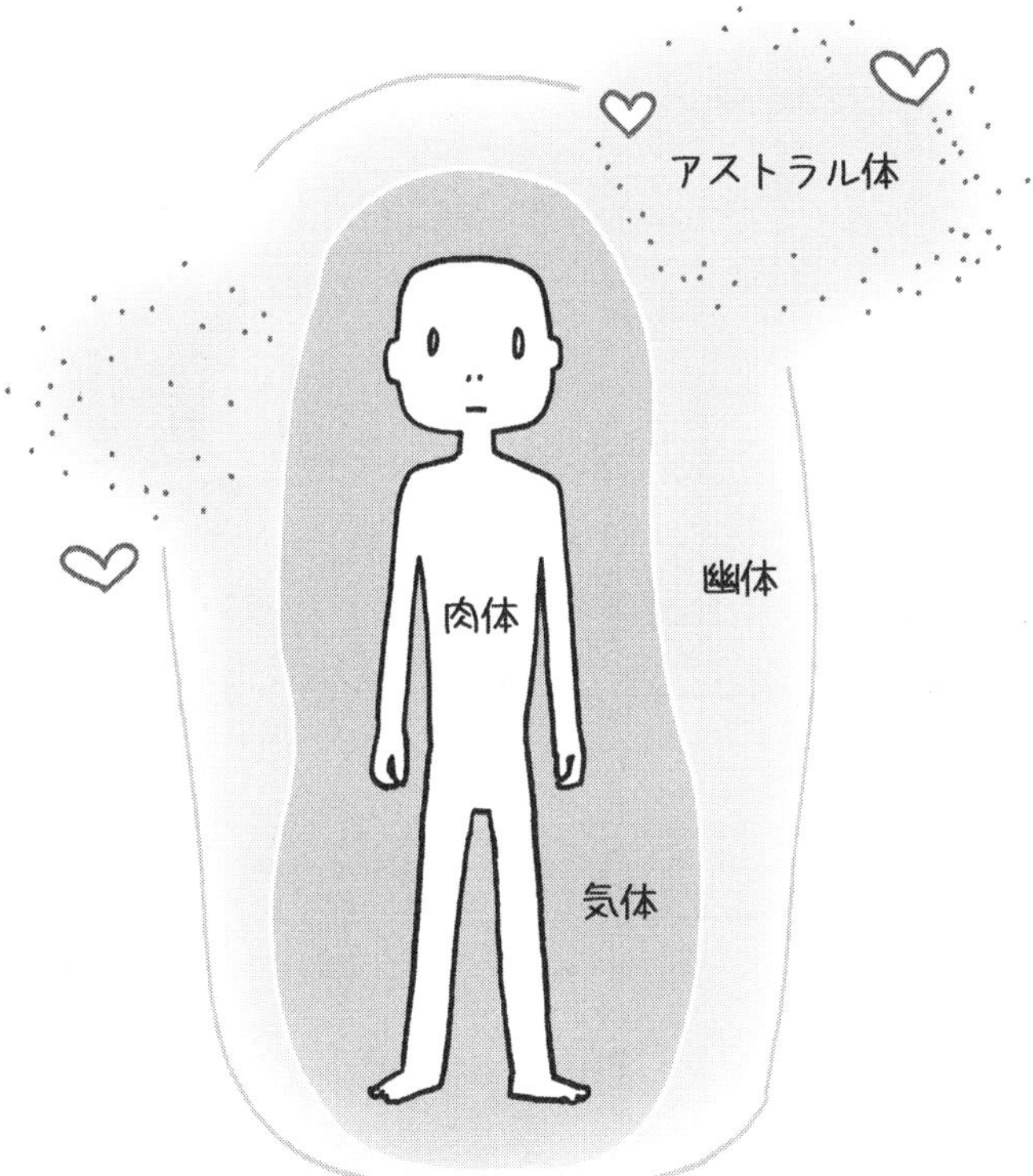
アストラル体
幽体
肉体
気体

①肉体（＝物質）とは、生命体エネルギーのこと
②心（＝自己成長）とは、感情や思考体のエネルギーのこと
③精神（＝宇宙）とは、魂体のエネルギーのこと

すなわち、

①肉体（物質）を磨けば、生命体エネルギーが輝く
②心（＝自己成長）を磨けば、感情や思考に透明感が出てオーラが光輝く
③精神（＝宇宙）を磨けば、魂が成長する、すなわち、今世の役割や使命をエンジョイして多くを学ぶことで魂が成長する

これらの体験を積み重ねることによって、光り輝くオーラが一つになって「三位一体というバランス」になることに気づきました。

人間界を生きるための法則の一つ、「三位一体を磨くべし」。

これ自体が、素晴らしい宇宙の神秘だということです。

三次元と四次元の法則

人間の脳の働きについて考えることがあります。「左脳」は、優位半球または言語脳と呼ばれ、身体右半分の運動や知覚を支配し、「右脳」は、空間・感性的でイメージ脳と呼ばれ、身体左半分の運動や知覚を支配します。

キーワードをまとめてみると、

①左脳：言語脳
言語、会話、概念、計算、声や音の認知、論理的思考
②右脳：空間・感性脳
イメージ、図形、音楽、表情を読み取る、視覚的情報の総合把握、直感的思考

宇宙法則的な情報では、次のようになっています。

三次元	↓	①左脳：言語脳
四次元	↓	②右脳：空間・感性脳

三次元は左脳的で、四次元は右脳的な分野を司るようです。

宇宙法則的な情報のなかでは、「左脳よりも右脳を使え」というメッセージをしばしば受け取りました。

たんに、三次元的に右脳のみを使えという意味ではなくて、左脳と右脳のバランスはとりながら、「四次元的右脳を優位に使え」ということです。

なぜそのほうがいいのでしょう。

三次元と四次元の法則では、

三次元＝地球・肉体	四次元＝宇宙・魂
左脳的	右脳的
顕在意識	潜在意識
現実	想い
体	心
不自由	自由
常識	非常識

このように分けることができます。四次元的な要素をより多く取り入れたほうが、現在の三次元的な思考形態より、四次元的な思考形態をとりやすくなり、より宇宙法則にのっとった生き方になることがわかります。

顕在意識と潜在意識

人間の意識には、顕在（表面）意識と潜在意識の二つの意識があり、この二つの意識についてしっかり理解すると、人生に大きな影響がおよびます。

意識体の仕組みは、人生そのものを大きく変える、人間の特徴のなかでも重要な部分です。

顕在意識とはふだん認識できる表面の意識で、潜在意識はふだん認識できない深い部分の意識です。潜在意識のなかには、私たちが人生で体験してきたすべての記憶が存在し、その記憶はさまざまな感情やイメージと結びついています。

通常、私たちが何かを決断するとき、顕在意識のなかの意思の力で変化を起こそうとしますが、顕在意識が約一〇パーセント弱にたいし、潜在意識は約九〇パーセント強あると言われ、潜在意識の影響力はとても強いため、顕在意識だけでは思うようにならず、無駄な努力に終わることが多いのです。

宇宙法則を知っている潜在意識を優位にすること

宇宙法則的には、表面意識より潜在意識を優位にしたほうがよいということですが、「潜在意識を表面意識として、正しく認識するように」とのことです。

最も重要なのは、潜在意識を表面意識のように正しく認識すること

すなわち、「約九〇パーセント強の潜在意識を意識化し、表面化することにより、人は不自由さを回避できる」という意味です。

潜在意識を意識化するためには、まずすべてのことを意識します――細かいことをなんでも。たとえば、食事時に、食べるときの環境――壁があってテーブルがあって椅子があって。お茶碗やその食べ物をつくった人、その材料をつくった人、その種をつくった人のことまで――今まで意識したことがないことまで、見えるものすべてを意識して考えるようにします。細かく考えていくと、食事一つをとっても、私たちがどれだけ何も意識せずに日々行動しているかということがわかります。

顕在意識と潜在意識のつながりが弱いと、真実と相反する行動をしてしまうことになり、最も不自由な人間生活となってしまいます。

① 顕在意識と潜在意識
② 三次元と四次元
③ 肉体と魂

これら三つのつながりを理解することが、人間界で生活するうえで、とても重要になります。自分であって自分でないような不自由さがあるとすれば、これらを理解することにより、おおむね宇宙法則にのっとった生き方になります。

常識と非常識

常識とは、人間界で普及している危険な概念です。思い込みの強い未完成な生き

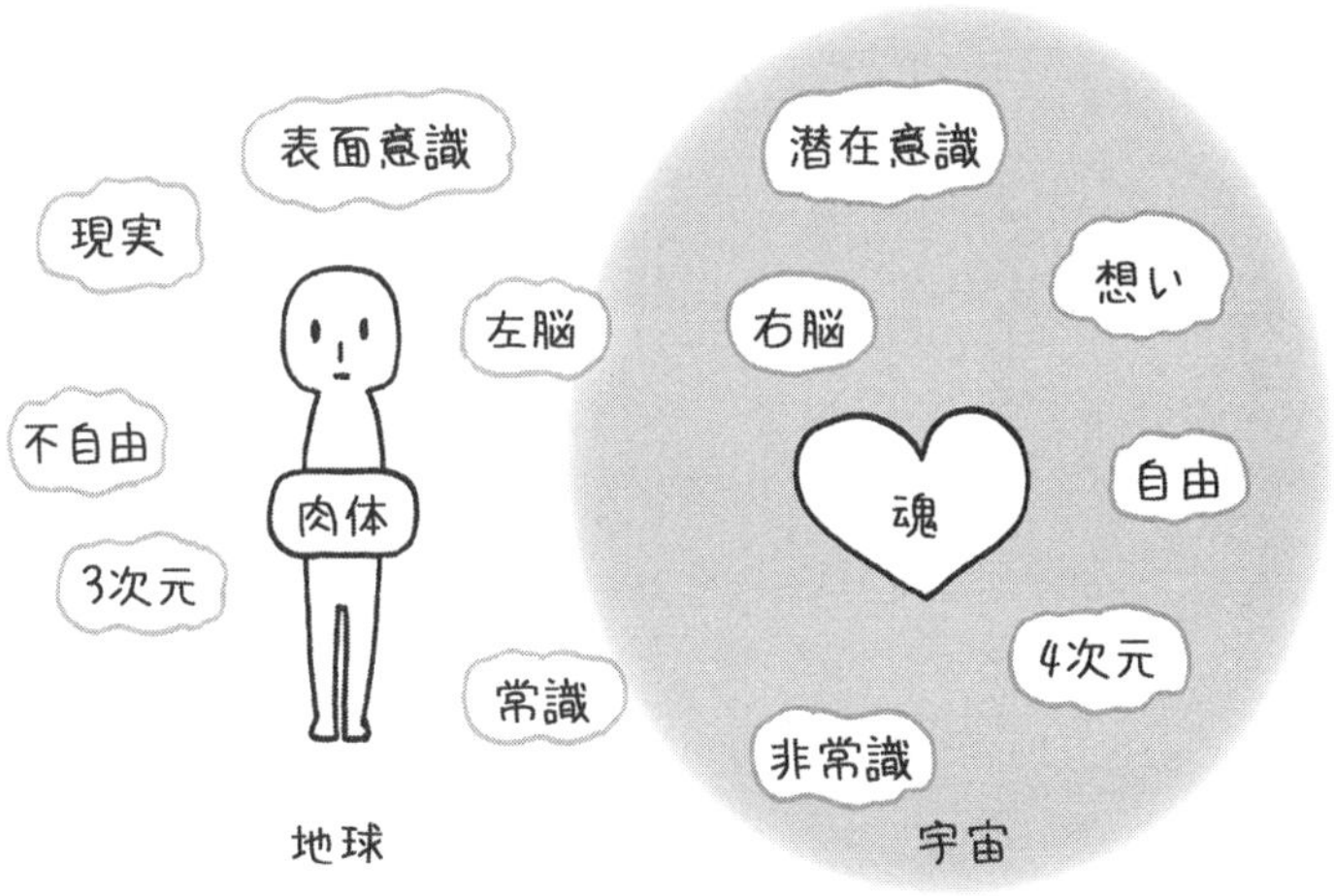
表面意識
現実
左脳
不自由
肉体
3次元
常識
地球
潜在意識
想い
右脳
魂
自由
4次元
非常識
宇宙

方をすると、不幸を招いてしまいます。

そもそも、人間界を生きるのに、本当に必要なものとは何でしょうか。

人間界を生きるためには、まず生命を維持しなくてはなりません。人間界で最も必要な宇宙法則は、

① 生きる＝衣食住
② 心＝愛

これらはほぼ、人間の三大欲——一般的には、食欲、睡眠欲、性欲——と重なります。

欲と言うと、何だか「いけないこと」のようにとらえがちですが、たんに、「人間の特徴である」ということです。ときに禁欲することがあるのは、ありがたさを思い出させるためです。

この三大欲は、せっかく来た人間界を満喫《まんきつ》するのに重要な**「三大満喫要素」**と言

ってもよいでしょう。すなわち、

①食：生きるために必要な、エネルギーとなるもの
②睡眠：生きるために必要な、肉体の休息
③性：愛の学びやエネルギー、種の存続のためのもの

これらを満喫することが、人間界で生きるうえで必要なのです。

西洋文化の影響で「愛＝セックス」ととらえる方が多くなっていますが、「愛」とは、何にでも当てはめることができる宇宙法則の一つです。地球にあるもの、宇宙にあるものすべてに、愛を感じることができるはずです。

現代は、たくさんの思い込みが人々の頭に刷り込まれてしまい、日本には、昔からのことわざなど、素晴らしい智恵がたくさんあるにもかかわらず、上手に活用できていないのが現状です。多くの人がどこかの誰かに洗脳されてしまい、それを疑おうともしないところが最もやっかいです。

いまや地球は、目に見えるものばかりを発展させ、見えないことには触れようともしない、偏った思想にこりかたまって、自己の利益ばかりを追求する三次元物質にあふれる惑星となってしまいました。誰もそれを是正《ぜせい》しようともしない、悲しい野放し状態です。

人間には第六感やインスピレーションが備わっていますが、それはなぜでしょう？

それは「気づく」ためです。

「何かおかしい」と感じたら、自分で納得がいくまで調べてみることをお勧めします。すでに洗脳されている可能性のある情報ではなく、魂が真実だと感じる情報を調べてみることで、新たな行動が始まります。それが一人一人の真の力であり、使命なのです。

ヒントは、「非常識とは本当に非常識なのか？　常識は正しいのか？」です。

本当に必要なものは？

幸せとは？

コラム

動物を食べる必要があるのでしょうか

バリ島で私が住むバンジャール（村）では、鶏《にわとり》や牛を飼っている家が何軒もあります。肉類をスーパーのパックでしか購入したことがなかった私は、近所の鶏たちや牛たちを見るうちに、もう肉を食べたくなくなりました。もともと重度のアトピーだった私は、食事制限があったため肉類はあまり食べないほうでしたが……。

私の住む家の真向かいでは、鶏を何羽も飼っています。大人になった鶏を食べるのかと聞くと、売りに出すそうです。そうやってその家では家族を養っているのです。

しかし、ヒナから育っていく姿は、とても可愛らしく美しいのです。放し飼いにしているところがほとんどで、お母さん鶏《どり》にくっついて、近所を駆けまわり、時間になると、教えてもいないのに、ちゃんと家まで帰っていきます。玄関の外側の門が閉まっていても、飛び越えて家のなかに入って行くのです。

そんな可愛い鶏たちは、私にとっても愛すべき可愛いペットにしか見えません。

自分の家で食べないのは、きっと情が移ってしまって、殺せないからでしょう。

あんな可愛い姿を見てしまったら、とても家族は食べることができないと思います。

バリ島では、祭事のときに必ず鶏や子豚の丸焼きを祭壇にあげますが、どこの家でも専門店で購入しています。

食が豊かな現代において、あんなに可愛い動物たちを殺して食べることに疑問を感じます。

私にとって、バリ島への移住は、「人間の食べ物」について考えさせてもらう貴重な機会だったと思っています。知らなかったとはいえ、「今まで食べてしまってごめんなさい」と、心からそう思いました。

ちなみに今では、夫も肉類をほとんど食べなくなりました。

通過点

人生を満喫するうえで「通過点」を必ず通ることになります。

通過点とは、目に見えていないところで、自分の思いが引き寄せられているときです。

まだ通過点にいるにもかかわらず、やるべきことをあきらめるのは、もったいないことです。

宇宙からの情報をいくつかご紹介します。

未完成は当たり前
見えるところは見えているだけ
一人一人同じではないので誰かの真似はNG（同じように生きることはできない）
足踏みはしなくていいんだよ
これは通過点にしか過ぎない
失敗してもいいんだよ
あなたらしくていい
あなたがそう思うのならそうしなさい
脳みそで決めない、インスピレーションを信じなさい

完全である必要がない
もう怒らなくてもいいんだよ
大丈夫だよ、きっと良くなるから！
心の原因を手放すのだ
精一杯やってみる
時間を大切にする
前に進む選択（＝改善）をしなさい
未来の新しい挑戦なんだよ
レベルの低い次元の成功法則は、レベルの高い次元には当てはまらない
自分の魂がどう思うか聴いてみる
今やっている使命をたんたんとこなせば、道は開ける

今世、やるべき体験とは、本来、「自分（＝魂）がやりたいこと」です。
誰に止められようとも、「やってみる価値は十分にある」のです。

何だか無性にやってみたいこと
なぜかとっても縁のあること
無性にわくわくすること

なぜか気になることというのは、まちがいなく、「自分の中の〝何か〟が知らせてくれている」のであり、やってみる前から先のことをあれこれ心配せずに、とりあえず挑戦してみる価値があります。

やってみなければ何も始まりません。

やってみなければ通過点も通れません。

結果はいずれわかる日がやって来ます。

やってみなければわからない「未来の無限大の可能性に挑戦する！」

そんな、価値ある一歩を踏み出すべきです。

人生自体が通過点です。

宇宙法則的に言えば、人生とは通過点であり、同じ通過するならば、価値ある一歩を踏み出した通過点にするほうが、よりよい生になります。

コラム

なぜ宇宙を信じられるの？

あるとき、本の構成について夫に相談したところ、夫にこう言われました。

夫「なぜ、そんなに宇宙のことを信じられるの？」

私「……！」

唐突な質問に、思わず言葉を失いました。

今さら何を言い出すのだろう……ここまで来て、〝なぜ信じられるの？〟っていったいどういう……？

私はあぜんとしましたが、次の瞬間、「いい質問じゃない！」と思い直し、本のなかで紹介しようと思いました。

夫との会話の続きを紹介します。

私は生まれる前の宇宙だったときの記憶を、全部ではありませんが、一部持ったまま地球界に来ました。

私「じゃあ、百歩譲って、前世（宇宙でのこと）の記憶は、私の空想か妄想だとするじゃない？　もしくは前世の記憶がなかったとするでしょ。さらに、地球界に来てからの、宇宙からのメッセージや宇宙人との会話も、みんな私の妄想だったとしてもいいよ」

夫「うんうん」

私「それでも、私が人間界で体験したことだけでも充分に神秘的だし、偶然では説明がつかない出来事がたくさんあったから、それだけでも宇宙を信じられるかな。

そういうことを体験してしまうと、スピリチュアルな世界を信じたくなるのは当然よね。

だからそんな体験を少なからずしてしまった人は、スピリチュアルに目覚めることができるんじゃないかな？」

夫もじつは、そのような説明のつかない体験をしていたので、それを指して言いました。

私「あなたもそういう体験をいくつもしているじゃない」

夫「そうだよね。僕だって、海外に転勤になるとき、誰にも聞いてなかったのに、自分のどこかが知ってたもんね。だから机とか、片づけだしたんだよね」

ちなみに、夫はUFOを目の前で見てしまってから、もはや何とも説明のつかない状況で、スピリチュアルを信じるはめになりました。

UFOは、あるときから、彼から見えるところで毎日毎日、一カ月くらい姿を見せ、最後には彼の真上まで来たそうです。

スピリチュアルと言うと、世界的には「魂（＝スピリット）」のことを指しますが、日本においては、「アヤシイ系の人、もしくは、特別な能力を持つ人」となります。

バリ島で、「仕事は何をしているか」と聞かれ「スピリチュアル系です」と答えると「ああ、日本の宗教の人ね」と言われ、日本で「お坊さんのような仕事をしている」と誤解されます。

インドネシアは、黒魔術や白魔術なども未だに使われており、不思議現象が当たり前、宇宙や神も当たり前の、とてもスピリチュアルな国です。

オーブ（＝たまゆらや精霊）の存在を知っていた私たちは、ただそれだけで信用され、いっそう親切にしていただきました。「オーブを写真に撮ることができる＝宇宙（＝神）に好まれている」という扱いなのです。

あるときは、バリ島でいちばんえらいパマンク（お坊さん、政治家より格上の存在）が、私の空間次元をチェックされ（バリ島では「人の空間次元を見る」のは当たり前なのです）、スピリチュアルな能力を認めてくださり、外国人夫婦として初めて、政府認定のパマンクの資格をくださいました。

ですので、私たちはバリ島では、現地の人もびっくりの、異例の外人夫婦パマンクなのです。

外人夫婦へのパマンク認定という、バリ島の歴史始まって以来の決断に、魂の奥深さを感じた瞬間であり、同時に、元アンチスピリチュアルだった夫が、いまやバリのパマンクお墨付きのスピリチュアルだということに、感無量の瞬間でもありました。

人間界のステージアップ

宇宙には空間次元のグループも存在し、仮にノアの方舟のようなものがあるとしたら、ノアの方舟A、ノアの方舟B、ノアの方舟Cのそれぞれのグループの空間次元があります。

地球レベル、人間界での使命を果たさないと、舟には乗れません。

使命を果たし、レベルが上がってステージアップすると、時間軸が変わり、一日が速くなり、結果が出るのが速くなります。

レベルを上げるには、脳を使わず、直感を使って、新しい体験をどんどんするといいのです。脳を使うと過去のパターンの繰り返しになります。思いもよらない想定外の体験こそが、ステージアップにつながるのです。

そして、リーダー（メッセージを受け取る役割を選んだ者）ごとにグループに分かれ、今世の地球ランドをエンジョイすることになります。

① 各グループのリーダーが、グループの方向性を示し、賛同者たちとともに同じ世界（方向性）の地球ランドで生きる。

② 賛同者は、そのステージにおいて、どのグループに所属するかを選ぶことができ、そのグループの方向性にそった地球ランドのステージで、学びや体験を積む。

ステージとは、今世の魂が乗り越え、ランクアップすべきものであるとともに、受け入れるべきものと言えます。

たくさんのソウルメイトやグループソウルのなかには、同じ歩調で長い期間をともに進むタイプと、短期間だけ途中参加するタイプがあり、なかには、なぜか途中で道をはずれるように、方向性が変わってしまうタイプもいます。

途中で方向性が変わってしまうと、人間生活が困難な道のりとなり、道のそれ方によっては、少しずつ困難のスパイラルに入っていくこともあります。

気をつけなければならないのは、もとの道へと軌道修正できるタイプと、できないタイプが存在することです。さらに、リーダー自身が道をそれてしまう場合もあります。

どちらにしろ、道をそれるということは、何かしら「洗我《せんが》（＝幼少からの環境により洗脳された自我）」が関与していることが多く、その洗我にコントロールされて、欲や執着に負けてしまうと、道のりは困難にならざるをえないのです。

最終的には、この洗我との和解というか、**洗我をどのようにコントロールするかにすべてがかかってきます。**

多くの人は、この洗我との関わり合いや向き合い方で、今世が決まります。洗我を持てば持つほど、不自由きわまりない人間界を経験することになります。

ステージアップとは、課題のクリアであり、パターンを乗り越えることと同じような意味ですが、このパターンを乗り越えなければ、同じような、もしくはより厳しいパターンが何度も訪れることになります。

この法則が理解できるなら、できるだけ初期の段階で課題をスムーズに受け入れ、挑戦しておいたほうが、ノアの方舟の先発隊に乗れることになり、楽に進めます。

先発隊

??
後発隊

乗船が遅くなればなるほど、困難が増していくのです。

つまり、課題やパターンに抵抗するのではなく、より受け入れ態勢を広く持つ者のほうが、困難が少なくなり、人間界のドラマを楽に進めるのです。

メッセージの周波数

宇宙からのメッセージは、どのグループが受信するかによって、メッセージ性が大きく変わってくることがあります。さらに、受け手の解釈の仕方によっても、内容が大きく変わってしまいます。

宇宙次元から受け取るメッセージには周波数があり、段階のある層のようになった空間次元があります。メッセージを受け取る方にもその人の空間次元があるので、メッセージをどの層から受け取るかによって、内容が大きく変わってきます。

このように、メッセージが、受け手によっていろいろな言われ方をする理由は、大きく分けて二つあります。

①メッセージを受け取る場所がちがうから
②メッセージの解釈がちがうから

したがって、メッセージを受け取る各リーダーが、どのグループのことを言っているのかを明確に認識しているとわかりやすいのですが、リーダー本人に自覚がない場合があり、そのときは解釈が難しくなってしまいます。

そもそも、メッセージの受け手は、自分が知っていることしか知らないので、自分が知る最高のことが最高だと考えがちです。それはしかたがないのですが、宇宙自体は優劣を望んでいません。各リーダーは、もう一度初心に戻って、無知の知についていただき、全体とバランスよく協力していただきたいと思います。

協力的な存在と、方向性が同じ、もしくは似ている存在と、力を合わせてより良い方向に進んでもらいたいのです。そうすることによって、少しでも大きな力となり、ソウルメイトを救うことにもなります。すべては、協力、意志、調和、愛のある行動のバランスです。

このように、メッセージの伝達は、受け手のフィルターを必ず通ることになりますので、その点に気をつける必要があります。

たとえば、わたしが宇宙的なニュアンスを日本語に変換したときに、よく言われるのが、「もっと軽い意味かと思った」とか「そういう意味とは思わなかった」といったことです。

では、「ほかに何という言葉だったら、もっとわかりやすかったですか?」とあらためて聞いてみると「やっぱり、この言葉がいちばん近いです」と言われるので、同じ日本語でも、ニュアンスや言葉の深さの受け取り方が、人によって、またそのときによって、まちまちであることを思い知らされます。

ですので、宇宙からのメッセージを訳すのは、とても難しいのです。

聞き手の方も、せっかくのメッセージを活かすために、変換された言葉通りにとらえるだけでなく、ちがうニュアンスの解釈がないかどうか、念のため聞いておくほうがいいでしょう。

スピリチュアルの混在

今、日本では「スピリチュアル」という言葉の意味が混乱しているので、正しく認識する必要があると思いますが、スピリチュアルの世界は、大きく分けると二つの種類があります。

①地球系＝地球に縁のあるスピリチュアル
②宇宙系＝宇宙に縁のあるスピリチュアル

地球系と宇宙系にはそれぞれの役割があります。

①地球系＝幽霊、守護霊、お墓、お祓《はら》い
②宇宙系＝宇宙、異次元、宇宙人、ハイヤーセルフ、魂

地球系の方からすれば、宇宙人はあまり関係なく、宇宙系からすれば、幽霊や守護霊のことはあまり関係ありません。

ちなみに私は宇宙系ですが、地球系と宇宙系、どちらがより優れているということはありません。それぞれの役割があるだけです。

役割がちがうと、メッセージを受け取る周波数、つまり、メッセージの意味合いが変わってくるのは当然のことです。そのちがいに振りまわされないようにしなければなりません。

受け取る周波数によっては、メッセージをシンプルに受け取れません。メッセージを受け取った国の言語、たとえば日本語であれば、尊敬語や丁寧語があり、命令形などいろいろなスタイルがあります。どのようなニュアンスで受け取るかによって、「どうも〜である」「〜のようだ」「〜と言っている」「〜しろ」などと表現のニュアンスが変わってきます。

宇宙からのメッセージは、エネルギーの塊《かたまり》であり、その塊をとらえて言語に翻訳します。日本語のなかで望ましい、最も宇宙からのメッセージに近いものは、「〜である」「〜だ」という表現になります。命令形や怒りを含む表現は、宇宙から言えば、最も遠い存在であり、最も遠いニュアンスになります。

メッセージの受け取りは、あくまでも、宇宙法則的な役割選択のうえで行なっているので、すごいとかすごくないということはありません。スピリチュアルの世界に優劣はなく、すべての人は、スピリチュアリティ（霊性、魂）を持っているのであり、その役目を多くするか少なくするかは、本人（＝魂）が決めることなのです。

各リーダーは、自分がどこに所属しているのかを認識しているはずですし、少なくとも魂レベルでは知っています。ついていく賛同者たちは、どのグループに所属することを選択したかによって、方向性が大きく変わってきますが、いずれにせよ、グループソウルやソウルメイトにより、それぞれのシナリオが描かれていくことになります。

あなたのまわりのソウルメイトやグループソウルはそのシナリオを満喫しているでしょうか？　**すべての選択は、自分自身のなかにあります。選べないということはなく、必ず選べるようになっています。**

コラム

周波数を安定させる

宇宙からのメッセージを受け取るためには、周波数と空間次元のステージを安定させる必要があります。丹田《たんでん》でのグラウンディングができるようになると、かなりの確率で周波数を安定させることができるようになります。

空間次元を安定させるには、各ステージでのステージアップとともに、魂とのつながりの認識の度合いが重要になってきます。

たとえば「精神を安定させなさい」というような言い方になってしまいますが、「浮いてしまった心を落ち着かせて（=グラウンディングして）ください」という意味で、この状態の持続性が高まれば、安定した周波数を保つことができ、通常の状態がアルファー波になります。

バリ島のいちばんえらいお坊さんが、私に「空間次元のエネルギーをチェックさせてください」とインドネシア語で言われたときのことです。

聞き慣れない言語でのやりとりが楽しかったのですが、チェックをすませたお坊さんは、「バグース！　バグース！（素晴らしい！）」と連呼されていました。私の空間次元、そして宇宙とつながっているラインと、つながった先のグループのエネルギーをご覧になったようです。そして私に、「どうやって瞑想されているのですか？」と聞かれました。

私が「はい、毎日、今が瞑想状態です」と通訳を通して答えると、きょとんとした顔をされました。言葉の意味が伝わらなかったようです。

私の状態が不思議だと言われることはよくありますが、あるとき、アルファー波やシーター波を呼吸の数で測る機会がありました。会場には一〇〇人ほどの人がいたでしょうか。「リラックスしてください。そして、一分間、自分の呼吸を数えてください」と言われたので、数えてみました。結果は、一分間に二回しか呼吸していませんでした。

自分でもそれまで知らなかった私は、とても驚きました。思わず、「幼い頃、水泳を習っていたときに、こんなふうに一分間に二回しか息つぎをしないで泳げたら、オリンピックに出られたかもしれない」などと考えてしまいましたが、どうやらごく普通の状態がアルファー波ということで、担当された先生も驚いていました。
それまでは、呼吸が人とどうちがうのか考えたこともなく、ふだんの自分が、周波数を自在に合わせられる精神状態であることは知っていましたが、ふつうにリラックスした状態が瞑想状態と同じであることが、ようやくわかった出来事でした。

私の経験では、丹田でグラウンディングして周波数を安定させ、さらに各ステージの安定をはかり、魂のつながりを十分に認識することで空間次元を安定させることができれば、よりよい次元の宇宙からのメッセージを受け取ることができるようになるのです。

4章 宇宙的な幸せとは

幸せって何？

幸せ感とは、自分で創り出すものです
幸せは自分の意識（＝精神＝心）が決めるものです

「人生どうなりたいですか？」と聞かれたら、「幸せになりたいです」と答えるのが本質的な答えです。

ただし、同じ「幸せ」という言葉でも、人により意味合いがちがうため、幸せの共有ができないこともあります。

人間界の究極の幸せとは、じつは「地球に生まれてきたこと」であり、それは人間だからこそ、地球人だからこそ体験できる、宇宙のなかの神秘なのです。


人間には「慣れ」という習性があるのが、大きな特徴です。

人間は何にでも「慣れる」ようにできているので、幸せを感じることにも慣れてしまい、当たり前になってしまうので、注意が必要です。

人間の取扱説明書があればわかりやすいのですが、それがないのが人間界です。

人間を体験するのは、注意事項が多いためにとても難しい面もあるのですが、本来、人間という生き物は単純明快で、とてもユニークな乗り物なのです。

すでにあるものの幸せ
肉眼レベルで見えるものしか信じないくせに
すでにある見えるものでさえ、すぐに幸せを感じられなくなる
見えるものに幸せを感じられなくなって、さらにないものねだりになる
矛盾した人間レベルの思考に気づいていない

宇宙法則的に幸せになるには、次の三つが必要です。

①過去に感謝すること
②未来に愛を持つこと
③今をわくわく生きること

まず「①過去に感謝すること」は、未来に進むために、最も重要になります。

人間は、過去を変えることはできません。仮に、今までの経験でマイナスのイメージがあった場合でも、大事なことは、どんな経験であっても、その結果、今の自分がいるということです。自分にとってどんな意味があって、「どんなことを学べたか？」が重要であり、それを素直に認められればいいのです。

過去があったから、今の自分がある。今の自分がいることに感謝する――それでいいのです。

どんなことであれ、すべてにおいて感謝の気持ちを持つことが、未来の引き寄せに大きくつながっていきます。

次に「②未来に愛を持つこと」が大事なのは、そうすれば、未来が愛にあふれることになるからです。愛のある未来があれば、未来が楽しみでしかたなくなります。未来の愛に向かって生きていきます。未来の無限大の可能性を信じて自分のドラマをエンジョイするのです。

そこにつながるのが、「③今をわくわく生きること」です。まさしく、今をわくわくエンジョイしていれば、その積み重ねが未来のハッピーへとつながっていくのです。

自分を中心とした、自分のドラマを創るわけですから、まわりの情報や環境に流されることなく、今をわくわくと生き、毎日わくわく生活を送ることによって、未来のハッピーが運ばれてくるわけです。

自分だけのオンリーワンのドラマを楽しむことが、宇宙的なライフスタイルと言えます。

宇宙界事典

【ステージ次元】

人間界には、「ステージ次元」が存在します。それは、同じ人間でありながら、何度かの人生を生きるかのような現象のことです。

前章でも述べたように、悲しみのなかに悲しみの次元があるのと同様に、同じ人間の人生のなかでもステージの次元があります。

まるで、何度か生まれ変わったように、それも、ただ生まれ変わったのではなく、ちがう魂に変わってしまったかのように、同じ体でありながら何もかもがちがうレベルの、異なるステージの次元があるのです。

まったくちがう人になったように変わるのではなく、同じ魂で同じ体、同じ環境でありながら、しかし、存在している空間次元がちがい、高いレベルに変わり、何もかも質が上がったような感じで、まったくちがう世界なのです。

幸せのステージ

人間は、死にそうな目に遭《あ》うと、「人生が変わる」とか「感覚が変わる」と聞いたことがあります。実際にあわや死ぬかという目に遭ったことがありますが、たしかに言わんとすることはわかります。

しかし、このステージの次元は、死にそうな目に遭うことなく、どちらかというと「腹を据《す》える」ことで達成可能なものです。

人間界のライフの話であれば、おおよそ一〇年単位でそのステージはめぐってきますが、このステージのなかにもさらに細かいステージの次元が存在するので——一年単位、一カ月単位、一日単位など——その法則を理解していれば、より良いステージアップの場として活用することができます。

現在の地球の状況ですと、一〇年の法則が存在し——実際には、宇宙法則的な星まわりが重要なベースとなっています——現在のグレゴリオ暦で計算するならば、生まれ月から換算しての一〇年のサイクルがあります。すなわち、同じ年齢でも生まれた月がちがえばそれだけずれるわけです。

要するに、だれでも一〇歳〜、二〇歳〜、三〇歳〜のステージが存在するのです。ステージアップするなかで、大きなカギとなるのは、人間界を深く体験すること、なかでも最も重要なのは、**「感情の深い体験」**です。一つの感情を深く体験するというよりも、**「いろいろな体験をする」**と言うほうが近いかもしれません。それも、ただたんに体験するのではなく、より**「使命に近い体験」**をするほうが、質の高い体験となり、より大きいステージアップとなります。

「対の世界」の法則

「対の世界」の法則があります。対になっている体験があるからこそ、感じられる感情です。そして、感情を満喫することは、人間だけができる貴重な体験です。

人間特有の感情にはすべてに法則があり、悲しみという一つの感情をとっても、段階やステージの次元があります。とくに「マイナスの感情」ととらえられているものには、計り知れない叡智《えいち》があります。

つらさや悲しみは、宝物です。

これは宇宙法則です。

人間界の法則として、つらさや悲しみは、うれしさと楽しさなどと「対」になっています。どれとどれが対ということではなく、場合によって異なりますが、「より深い悲しみを体験すれば、より深いうれしさを体験できる」、それが「対の世界」の法則です。

つらさや悲しみは、マックスが一〇〇パーセントではありません。一〇〇パーセントとは、ただたんに、通過点にしか過ぎないのです。

たくさんの段階のなかの一つのステージだけに限れば、一〇〇パーセントがマックスかもしれません。あるステージで一〇〇パーセントの悲しみを体験できれば、次のステージへ上がれて、そのステージでも一〇〇パーセントを体験すると、また次のステージへ行ける、というような感じです。

もちろん、悲しみだけではありませんから、楽しさもうれしさも、愛でさえもつねに一〇〇パーセント以上が存在し、限りがないのです。

∞
ステージは
無限大

愛が一〇〇パーセント、二〇〇パーセント、三〇〇パーセント、四〇〇パーセント、五〇〇パーセント……と、無限にあるのです。

想像するだけでも、わくわくしてきますね。

ですから、つらかったことや悲しかった体験をなかったことにしては、とてつもなくもったいないです。

過去はそのまま変えられなくていいのです。大いにその体験を感じておけば、対の世界の素晴らしい感覚が手に入るのですから。

すべての体験は宝物です。

今のステージを大いにエンジョイすべきなのです。

未来は無限にあります。

現状で満足してしまうのは、とてももったいないことです。

新たなステージへ向けてチャレンジしつづけることに価値があるのです。

「わからないこと＝不安」ではなく、「わからないからこそ、わくわくしてやってみるべき」なのです。

コラム

無限大の愛

宇宙空間には、とても言葉では言い表せないほどの大きな愛があります。宇宙空間自体が「愛だけでできていた」と言っても過言ではないほどです。とても人間界では想像もつかないほどの素晴らしい空間です。

この本が書けるのも、その空間を知っているという確信があるからです。

その空間を垣間見た瞬間は、人間の肉体を持った状態で、当時の自宅近く、甲州街道の歩道橋の手前を歩いていたときのことでしたが、それはそれは美しい愛の空間でした。

宇宙空間には、たくさんの法則とたくさんの螺旋《らせん》のようなエネルギーがあり、まるでＤＮＡの宝庫――幾重にも螺旋が連なるような印象で、エネルギーと愛が充満していました。あまりの愛の深さに、涙があふれて止まらなくなりました。

その涙は、人間界では体験したことがない、愛がこみあげてくるような深いよろこびの涙で、歩道橋を渡りながら、人目など気にせずに大号泣《だいごうきゅう》してしまいました。

あまりにも愛にあふれた宇宙空間に感動し、手当たり次第に知人に電話し、「出会ってくれてありがとう！　宇宙ってすごいね！」と言ってしまったほどです。

宇宙を創った大いなる何者《サムシング・グレート》かに感謝です。

宇宙はアホが好き

かつて、大人になりかけていた頃、宇宙が好む思考があることに気づきました。

面白いことに、「宇宙はアホが好き」なのです。

以前、ブログにそのことを書いたところ、大きな反響がありました。

たくさんの方から、このメッセージを応援してくださるエールをいただきました。

私にとっては、こんなことを書いて、批判されないだろうかと少し不安に思いながら書いたブログ記事でしたから、本人がいちばんびっくりしています。

宇宙が好む思考＝アホ

「アホ」という日本語がいちばん近かったので、そうしました。「バカ」ではなく、あくまでも「アホ」です。それも「愚か」ということではなく、ばか正直、素直、シンプル、子どものような心、純粋、そのまま、本能的といった意味合いで、天才か秀才かで言えば、天才よりのことです。ほかに、ユニーク、笑える、楽しい、という意味合いもあります。言い換えると、ポジティブ、ということです。

①ネガティブ＝頭がいい（＝一〇〇パーセント以内：型のとらわれ）
・いろいろ考えられる ・教育の積み重ねによるもの ・過去思考
②ポジティブ＝楽観的（＝一〇〇パーセント以上の可能性）
・何も考えない ・教育の積み重ねがあまりない ・未来思考

このようなニュアンスが、「アホ」の定義のような形で、宇宙からメッセージとして届きました。

このメッセージを受け取ったとき、「そうか、アホか〜、いいなあ、アホな人って」と、とてもうらやましく思ったのを憶えています。

あれから私は、宇宙に好まれるために、日々、アホを目指しています。

「自分の個性」
「自由な発想」
「思考はアホ」

このような発想でエンジョイすれば、地球界での生活は断然楽しくなり、幸せをたくさん感じられるでしょう。

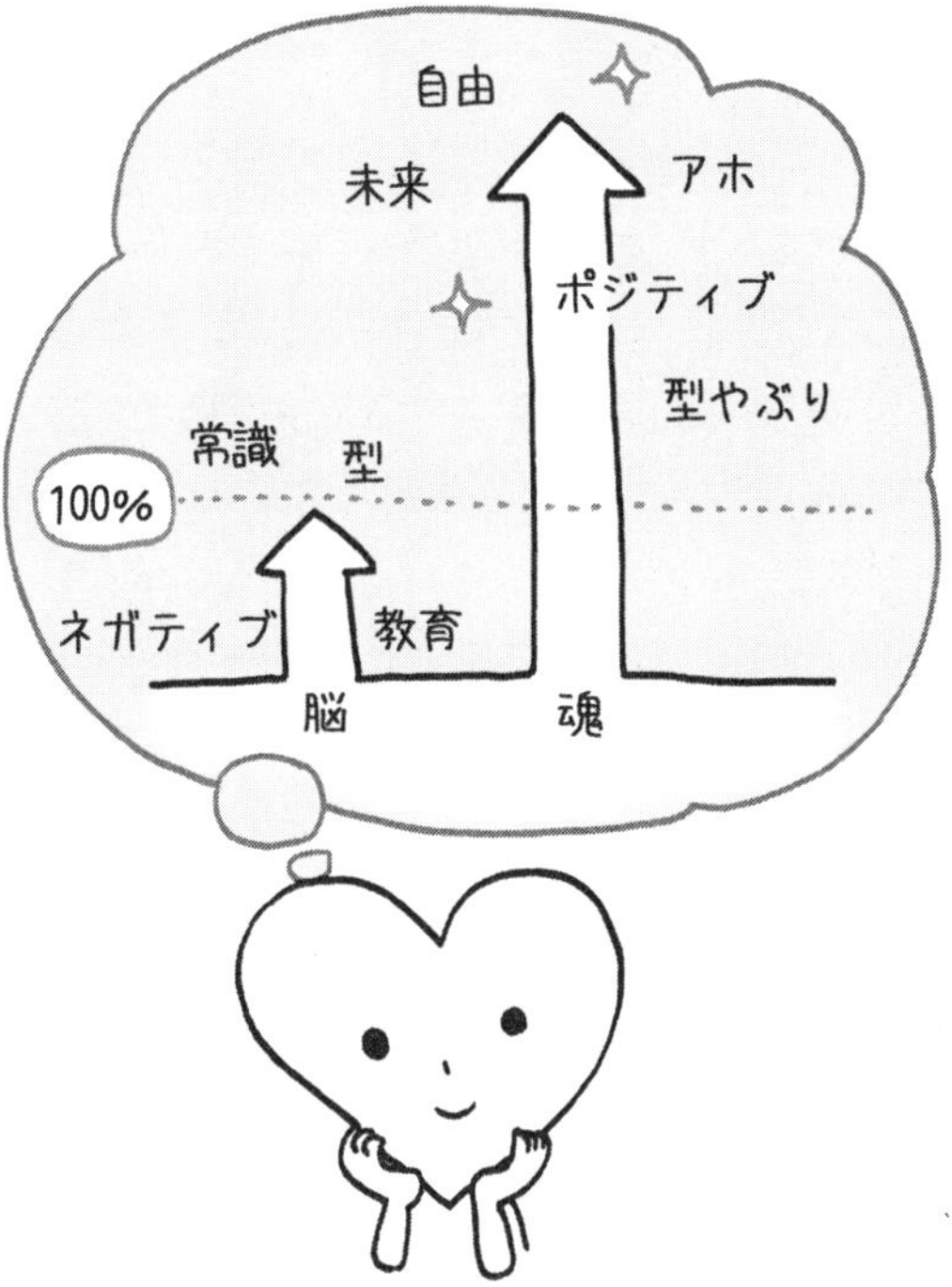

自由
未来
アホ
ポジティブ
型やぶり
常識
型
100%
ネガティブ
教育
脳
魂

魂優位の世界

「どんな人生を送りたいですか？」と聞かれて、「幸せな人生です」と答えるのは、魂から湧き出てきた言葉だと思いますが、いざ「どうやって幸せになろうか」と考え始めると、他人に洗脳された脳を使い始めるため、ねじ曲がった方向へとずれていってしまいます。

「幸せになりたい……と言っても……」と考えると、「幸せになりたい」よりも「と言っても」に意識がフォーカスされてしまい、負のスパイラルへとビジョンがねじ曲がっていくのです。

そして最終的には、「幸せになりたい」という目的とは裏腹に、自己犠牲的な方向へとどんどん発想が転換されてしまうのです。

魂がいくら「幸せになりたい」と訴えても、頭が「と言っても」と脳を使い始めるので、いっこうに幸せへたどり着けなくなってしまいます。

魂を優位に、脳はあくまでサポートに徹するように自分をコントロールできれば、

宇宙法則にのっとった人生を送ることができるのです。

メインに活動するのは魂であり、脳は、あくまでも補佐役として使うのです。

魂がメインの発想であれば、「一〇〇パーセント以上の愛」がベースになるので、戦争や勝ち負けのない、素晴らしい地球界となります。

3章で、三次元と四次元、顕在意識と潜在意識に触れましたが、この魂と脳にも密接な関係があります。

・三次元＝顕在意識＝脳
・四次元＝潜在意識＝魂

この「四次元＝潜在意識＝魂」を優位にすると、最も魂的にスムーズな行動を起こせるようになるのです。

まとめると、このようになります。

①四次元＝宇宙的発想	宇宙的愛と調和がベースの思考＝右脳的発想＝空間的・直感的思考、感性的行動、左脳はサポート役。
②潜在意識	意識の九〇パーセント以上を占める潜在意識のパワーを使い、潜在意識の内容を表面化させる。
③魂	魂的に感じることを、脳にサポートしてもらいながら行動に移す。

宇宙的（＝四次元的）な愛と調和をベースにした思考にもとづき、右脳的発想で人間界を空間的にとらえ、左脳にサポートしてもらいながら直感的思考や感性にもとづく行動をすること。それが、幸せへの近道なのです。

人間の取扱説明書

３章でも触れた顕在意識とは、ふだん認識できる表面の意識で、潜在意識はふだん認識できない深い部分の意識です。

通常、私たちが何かを決断するとき、顕在意識である意思の力で変化を起こそうとしますが、潜在意識の影響力はとても強いため、両者のあいだに矛盾や相違があると、思うように行動できない不自由さを感じることになります。

というのも、潜在意識には、つらいことや悲しい出来事などによる苦しみがトラウマとしてインプットされていて、そのすべての記憶はＤＮＡ（＝細胞）、脳や心、オーラや波動レベルにも存在し、さまざまな感情やイメージと強く結びついているからです。

潜在意識のなかのネガティブな情報は、私たちにネガティブな行動パターンや思考パターンを半永久的にくり返させ、「やっぱり○○だった」というネガティブなフィードバックを得ることで、さらに強化されていきます。

そのため、心はいつも「不安」や「恐れ」を抱え込み、人間関係や恋愛、人生そのものに喜びを見いだすことができなくなってしまうのです。

また、自分では、特別なトラウマなどないと思っていても、「人生や物事が望むように進んでいない」または「楽しめない」と感じている場合は少なくありません。それも潜在意識中にトラウマがあるためで、自分のことなのに自分では認識できないのです。

しかし、このような潜在意識と顕在意識の関係がわかれば、潜在意識と顕在意識のコミュニケーションが容易になり、まったくちがう人間かと思えるほどの行動の自由さを手に入れることができます。

これは宇宙法則的に言えば、「人間界のクセ」とも言える、大きな特徴の一つであり、この「クセ」さえ理解できれば、人間界は「自由な美しい世界、地球ランド」なのです。

不自由なクセではなく、自由なクセをつけましょう

不自由なクセを認識して初めて、自由なクセを手に入れることができるのです。
必要なのは、不自由なクセを自由なクセに変えたいと思う意志だけです。
そして、自由なクセを幸せなクセに変えましょう。

「私、幸せなクセがあるんです」

と堂々と言えるようになれたら最高です。
宇宙は自由であり、地球も自由、生きるのは自由であり、幸せになるのも自由なのです。

人間の取説の大きなポイント

ここで、充分に注意しなければならないことは、どれが魂の声なのかを正しく判別することです。

「魂の声」とニュアンスがいちばん近いのは、「心の奥底から湧き出てくるもの」です。

心の声には、魂から発するものと、それ以外の二つの感覚があります。

「魂の言葉」に耳を傾けましょう

「心の奥底から湧き出る何か」や「心の奥底からそう思いました」という感覚は、魂から湧き出ている感覚であって、洗我からくる、トラウマによる、認知欲求的な感覚ではありません。

そこをはきちがえて、洗我からくる認知欲求をスピリチュアルなものと勘違いしている人が多すぎることは、宇宙が残念がっていることの一つです。

洗我や利欲のためにスピリチュアルを語る不調和な人々は、一刻も早く、本当の魂に目覚めなければ、地球をさらなる不調和へと加速させ、存在を脅かす要因となってしまいます。

思いあたることが一つでもあるなら、言い訳を考えずに、今すぐ方向転換してほしいと思います。

くり返しますが、「心の奥底から湧き出る何か」や「心の奥底からそう思いました」という感覚は、あくまでも、洗我からくる欲求ではなく、愛と調和から成り立つ、魂から湧き出てくる感覚のことです。

魂から湧き出てくる感覚は、愛と調和により成り立つ宇宙法則にもとづいています。ですから、魂に目覚めている人であれば誰しもが賛成できるような、愛にあふれる感覚であるはずです。

さあ、魂の声を聞きなさい
愛と調和に目覚めなさい

宇宙貯金

わたしが受け取ったメッセージです。イメージしながら読んでみてください。

愛にあふれる地球
愛にあふれる世界
愛にあふれる人間
これらがベースとなり、すべてが愛にあふれています

身近にあるものに、当てはめてください
あなたの環境は愛にあふれていますか？
あなたの家族は愛にあふれていますか？
あなたは愛にあふれていますか？

あなたのまわりが愛にあふれていない原因は何でしょう
地球ですか？
世界ですか？
人間ですか？
あなたのまわりで愛が足りないと思うところを愛で埋めていきましょう

小さなことでもかまわないのです
小さなことでも一つ一つ、みんなが積み重ねてくれれば
すべてが愛であふれ
愛のある地球、愛のある世界、愛のある人間になります

一人でもかまいません
二人でもかまいません
仲間とでもかまいません

一人一人の愛のある行動が地球を美しく変えるのです
その小さな一つの勇気ある行動から、愛が生まれるのです
その姿勢を見せるだけでもかまいません
見た人は、魂レベルできっと気づいてくれるはずです
誰も見ていなくてもかまいません

他の星の方たちから、たくさんのサポートが入っています
みんな見てくれています
もちろん宇宙も見てくれています
宇宙を信じて、愛がベースになっていることで
愛のある行動を積んで、宇宙貯金をすればよいのです
地球でお金を貯金しても、宇宙へ持っていくことはできません
宇宙貯金をすれば、誰もがいずれ帰ることになる
宇宙（＝魂の故郷）に貯金がたまります
未来の自分の魂のために、宇宙貯金をするのです

5章 ハッピーチョイス

すべては究極の選択

私たちは、誰でも自ら選択し、生きていく自由があります。
また、そうすることが、幸せへの道にもつながるというのが宇宙法則です。

選択＝自由

人生は選択の連続であり、さらにその選択によって、人生が大きく変わっていきます。

選択＝自由＝人生が変わる

これが宇宙法則です。そして人間界の四つの究極の真実とは、

究極の真実その①	すべては選択である。
究極の真実その②	選択は自由である。
究極の真実その③	自由な選択は人生を変える。
究極の真実その④	幸せな選択をすることができる。

つまり、人生の究極の真実とは、「選択＝自由＝人生＝幸せ」という、四つのキーワードを結ぶ宇宙法則なのです。そして、この四つを取り入れるコツは、この気

づきの法則を正しく認識することからはじまります。

【幸せへの気づきの法則】

①選択することがたくさん（無限大）ある。↓選択があることに気づく。
②その選択は、自由である。↓自由だと気づく。
③選択によって人生が大きく変わる。↓人生が変わることに気づく。
④幸せになるための選択が可能。↓幸せへの直行便だと気づく。

これらに気づいて、正しく認識さえすれば、人間界の素晴らしい神秘の法則にのっとった、幸せへの選択ができます。

私たちは、この素晴らしい大宇宙のなかから、地球という惑星を選び、この世に生をなすまで、宇宙法則にのっとった、たくさんの選択をしてきています。

地球を選んできた私たちには、大きく分けると二つの選択があります。

① 宿命の法則

宿命＝生まれる前に決めてきた、自分が変えたくないこと
宿命とは、変えられないチョイスのこと
宿命とは、自分でコントロールできないこと
それは、先祖代々受け継がれてきたＤＮＡや、親からもらった名前、この世に生を享《う》け老化していくこと、そしていつか死ぬこと
これらは、揺るがすことのできない宇宙法則における宿命です

② 運命の法則

運命＝生まれる前に決めてきた、「自分で選択をしてよい」こと
運命があらかじめ決められていることはない
運命とは「選択」
選択の神秘が人生を変えるのです

宿命は変えられませんが、運命は変えられるようになっています。

私たちの日々の選択は、今世の運命を左右する、まさしく「運命の選択！」であり、その選択こそが、あなたの人生を大きく変えるのです。

地球界の「言葉」には、神秘があります。

人間界の言葉のなかには、宇宙法則の神秘が隠されている場合があり、言葉がその神秘をひもとくカギとなることがあります。

選択とは、英語で「CHOICE」、運命は、「DESTINY」、命運だと「FORTUNES」となり、その意味合いはさまざまです。

興味深いのは、命運は、FORTUNEに複数のsがついており、「数えられる」ものだということです。

sがなければ「財産、富」になり、sがつくと、「命運：栄枯盛衰や浮き沈み」となります。つまり、命運とは、浮き沈みや栄枯盛衰する未来につながる選択一つ一つを指しており、運命は、それら選択できる範囲すべてを指しています。

運命とは、選択できる全範囲（すべて＝一つ）であり、命運とは、運命に含まれる一つ一つの選択（＝複数）ということになります。

宿命は、変更不可能な宇宙法則の選択であり、運命は、無限大のなかから選択できるというのが、宇宙法則なのです。

「選択」とは「自由」であり、人生とは「幸せのためにある」、それが宇宙法則なのです。

チョイスの重大さ

それぞれの人が、あらゆる場面で、いろいろなことを選択しています。

まるで他人には関係なさそうに思えることでも、じつはかなりの関係性がありま す。すなわち、グループソウルやソウルメイトの関係性です。

その一人一人のチョイスによって、いろいろな方向性が生まれます。

出会いがあり、別れがあり、そしてまた新しい出会いが始まります。

家族のような、切っても切れない関係性から、すぐに切れてしまう関係性まで、幅広く無限に広がっていきます。

一つのチョイスによって未来が変わるビジョンが観《み》え、ことごとくその通りになるのを見てきましたので、チョイスが重要であることはまぎれもない真実です。

自分の行動や勇気ある選択
①一番乗り
②二番乗り
③三番乗り～無限大

一番乗りから無限大乗りまで。

一つのチョイスをいつするかによっても、すべての未来が変わります。

できるだけ一番乗り、早いほうがよいのです。一番二番を競うためではなく、早いほうが後々、楽だからです。

ただし、準備ができていなければ、早くチョイスができても難航する可能性が高くなります。

準備とは、何かを手放して身軽になっておくこと。そうでないと、あれもこれもと、荷物がいっぱいで大変なことになります。荷物をいっぱい持っていると、重くて船が思うように進まないからです。

いつでも新しいものを受け取れる状態を維持できるよう、つねに手には何も持っていないほうがよいのです。


チョイスするときに必要な心構えがあります。

それは、何が起こっても乗り超える！　と心に決めておくことです。

なぜなら、起こりうる事柄は、私たち人間の脳では想定できないからです。逆に、人間の脳で想定できる範囲内での活動は、むしろ成長をはばむ休止状態と言えます。


本当の自分（魂）が喜ぶ成長にチャレンジしましょう！

それが、「洗脳された自我」が喜ぶことではなく、魂が喜ぶ選択です。

今、そのチョイスが未来を決めています
すべては、今、今、今

チョイス、チョイス、チョイス
これらのチョイスが未来の無限大を決めます
一番乗り？　二番乗り？　それとも三番乗り？
まさしくこれがノアの方舟へとつながっています

未来は無限大であり、自分の人生は自分で決めることができます
つまり、今をチョイスすることができるのです
そのチョイスが未来の結果となります
これは当然の結果であり、引き寄せの法則です

自分の人生のチョイスを、人の目を気にしながらチョイスするのか、人の目を気にせず自分がいいと思ったことをチョイスするのかでは、まったくちがってきます。

自分の人生を自分でチョイスする――これが私たちが人間界にきた一つの理由です。

すべては人。

人がいて初めて運命がつくられます。
自分の人生のチョイスは、後悔しないようにするのがいいのです。

ハッピーチョイスについて

「選択＝自由＝人生＝幸せ」、これらの四つについて、地球人にとってよりわかりやすい、誰でも簡単に行えるような「何か」をずっと探していました。

私の人生をかけて、ようやく「それ」を見つけることができました。

四つのキーワードから、地球上で最もシンプルで、なおかつ強力なツールである一つの究極の宇宙法則が成り立つとわかったのです。

まずここで、この**「選択＝自由＝人生＝幸せ」の四つのキーワードを「幸せへの究極の選択」として、「ハッピーチョイス」と名づけます。**それが最も幸せな宇宙法則のニュアンスに近いからです。

一〇〇パーセント幸せな未来を引き寄せる、究極の宇宙法則の選択、ハッピーチョイス！

　この方法はシンプルで、とても強力です。

　すべての宇宙法則を理解するのは、人間レベルでは不可能ですが、基本的に宇宙法則は、とてもシンプルです。シンプルだからこそ強力であり、今世、現代におけるカギなのです。

「自由に無限大の選択をしてよい」ことに気づいてしまった私たちは、これから先、何を選択するべきなのでしょう。

魔法の選択！　ハッピーチョイスで、未来を変える！

　もし、すべての地球人がこのハッピーチョイスを完全にマスターしたら、地球ライフは必ず幸せになります。

　そして、人類すべてが幸せになります。

　さらに、地球も救われます。

　そう言い切れる、シンプルで強力な法則なのです。

いでしょう。

地球人たちは、「毎日幸せになるために頑張っている」方がほとんどと言ってい

ところが、「あなたは幸せになりたいですか？」と聞くと、九九パーセントの人が、「幸せになりたいです」と答えるにもかかわらず、現実には幸せにならないチョイスばかりをしているのですから、まるで不可解な現象です。

つまり、九九パーセントの人間は、「洗我」のために、「私は不幸な選択をして、幸せになりたい」というねじ曲がった思考にとらわれてしまっているのです。

「幸せになりたい」というのは決してウソではなく、むしろ不幸な選択をして「幸せに向かっている」つもりでいる人が多いのです。

なぜ、こんなに高い確率で多くの人が勘ちがいしているのかというと、環境や教育の洗脳のせいで、「幸せになるために、不幸な選択をしなければならない」という思い込みを持っているからです。実に九九パーセントの人間が疑いもせずにそう思い込んでおり、この本を読まれているあなたも他人事ではないかもしれません。

ハッピーの次元

悲しみにステージの次元があるように、ハッピーにも次元があります。ステージの次元をたとえると、今のステージをクリアするには、〇パーセントから始まったとして、MAXの一〇〇パーセントまで「パーセント」を貯めていくようなイメージで、どんどんステージアップさせるような感じです。ただし、そのステージアップは、何かと競ってすることではなく、愛がベースとなっています。

人生は、選択の連続であり、たとえば、どんな学校に行くか、どんな職業に就《つ》くか、どんな人とつきあい、結婚するか……。人生の節目となるような、それまでの流れを変える主要な選択だけではありません。もっともっと、無限大の選択肢をもらっており、人間レベルでは、想像もできないほどです。

一日が始まり、朝起きて、何を食べるか、どんな服を着るか……。私たちの行動の背景には必ず「選択」があり、人間は必ずその行動を「選択」しています。

「選択」と「行動」はワンセットであり「生きる」ことは「行動すること」、すなわち「生きる」ことは「選択すること」なのです。

人間界は、選択の積み重ねです

「今、一〇〇パーセント幸せですか？」という問いに、「はい！　一〇〇パーセント幸せです！」と即答できるなら、あなたはすでに、これからお伝えする宇宙法則「ハッピーチョイス」を身につけていることになります。

もし、「それなりに幸せだけど、一〇〇パーセントとは言い切れないなあ」と思うなら、不安が残っているため改善の余地があるので、ハッピーチョイスを身につけて、「一〇〇パーセント幸せです！」と言い切れるようになればいいだけです。

イメージするだけでも、わくわくしてくるハッピーチョイス。

人間界は、わくわく生きてよいのです。

究極の宇宙法則、ハッピーチョイスを身につける「選択」をします。

それがすでにハッピーチョイスです！

ハッピー
ハッピー
レベル
アップ
ハッピー

ハッピーにはレベルがある

セミナーなどで、参加者の方々に「ハッピーですか？」と聞くと、「はい、ハッピーです」と答える方が少なくありません。

では、「どれくらいハッピーですか？」と聞くと、とたんに「う～ん、考えたことがない」とか「わからない」と答える方が多いのです。

では、「ハッピー度がマックスで一〇〇パーセントだとしたら、現在は、何パーセントくらいですか？」とたずねると「う～ん、五〇パーセント」とか「六〇パーセント」と答えます。

「ハッピー度五〇パーセントなんて、あんまりハッピーそうではありませんね」と言うと「う～ん、そうかも……？」と、当初の「ハッピーです」が「ハッピー五〇パーセント」に変わってしまうのです。

セミナーや講座を開催していると、「日本語って難しいなあ」と思うことがあります。言葉の意味をすり合わせるためにも、よく辞書を引くようになりました。学生だった頃よりも今のほうが、辞書を引く回数が増えています。

ハッピーという言葉も、辞書で調べてみました。

ハッピー【happy】
〔形動〕幸福であるさま。うれしいさま。しあわせ。「―なニュース」

と、「デジタル大辞泉」に載っています。

「日本国語大辞典」には、このように載っていました。

ハッピー〔形動〕（〔英〕happy）幸運なさま。都合のよいさま。機嫌のよいさま。

意味をくらべると、前者の「幸福、うれしい、しあわせ」と、後者「幸運、都合のよい、機嫌のよい」とでは、ずいぶんと意味合いが変わってくるのがわかります。

①「幸福、うれしい、しあわせ」
②「幸運なさま、都合のよいさま、機嫌のよいさま」

近年では、一般に、この②のほうの意味合いで、ハッピーという言葉が使われているのがわかります。

ハッピーという言葉一つをとっても、いろいろな意味があることがわかりましたが、今回この本で提案しているハッピーチョイスのハッピーは、①の「幸福、うれしい、しあわせ」のほうの意味合いで使っています。

ハッピーチョイスとは「幸福、うれしい、しあわせ」な「選択」をすること

「幸福、うれしい、しあわせ」なことばかりを選択していきましょう！
そして、ハッピーチョイス一〇〇パーセントをみんなで実践しましょう！

たくさんのハッピーチョイスをしていくと、〝意識的な選択〟よりも、〝無意識の選択〟を日々たくさんしていることに気づきます。

つまり、選択の自由があって、意識的に選択できるときに、まるで流れ作業のように、ただ流されているようなイメージです。

これからは、いつのまにか無意識に選択してしまいがちなときにも、ハッピーな選択ができるように心がけると、未来に向けて、いっそうハッピー度の高い生活を手に入れることができます。

ハッピーチョイスこそが、未来のハッピーライフの道しるべになるのです。

ハッピーチョイスの方程式

ハッピーがMAX一〇〇（パーセント）だとして、そのなかからどれだけのハッピーを選びますか。ちなみに、私だったら当然、一〇〇パーセントを選び、それ以上があるのなら、二〇〇パーセントでも選びたいです。ここでは二〇〇パーセントはおいておいて、一〇〇パーセントを例にします。

幸せの反対は、不幸せであり、対の法則からしても、二つは一つということになります。ハッピーチョイスの方程式とは、そのステージにおいて感じられる体験の宇宙法則の一つです。

【ハッピーチョイスの方程式】

ハッピーを一〇〇パーセント選べば、ハッピー一〇〇パーセント。
ハッピーを八〇パーセント選べば、残りはアンハッピー二〇パーセント。
ハッピーを六〇パーセント選べば、残りはアンハッピー四〇パーセント。
ハッピーを四〇パーセント選べば、残りはアンハッピー六〇パーセント。
ハッピーを二〇パーセント選べば、残りはアンハッピー八〇パーセント。
ハッピーを〇パーセント選べば、残りはアンハッピー一〇〇パーセント。

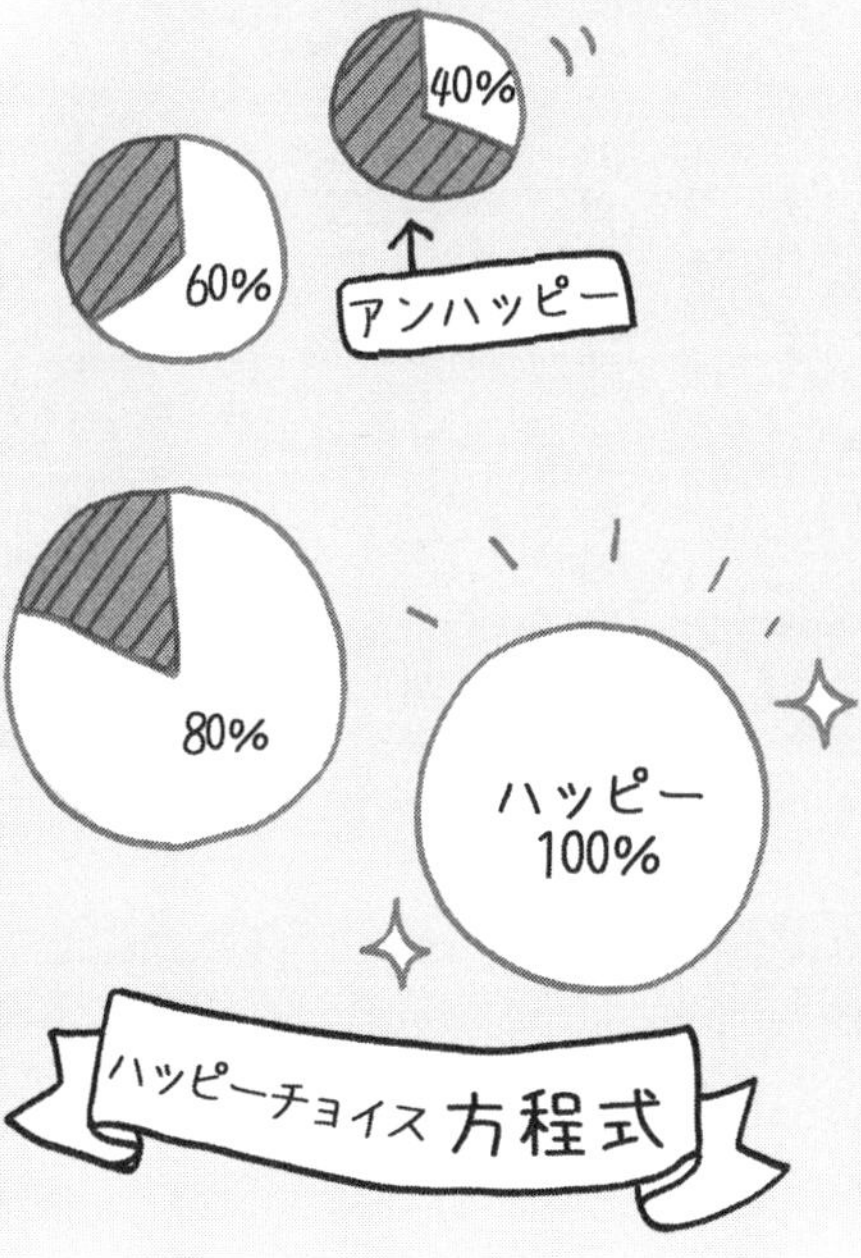
40%
60%
アンハッピー
80%
ハッピー
100%
ハッピーチョイス方程式

このようになり、そのつど選ぶハッピーチョイスのハッピーのパーセントによって引き寄せる未来が決まります。つまり完全にハッピーな状態以外に、アンハッピー一パーセントから一〇〇パーセントまでの領域があるのです。

幸せとは、じっとしていればやってくるというものではなく、幸せな選択と幸せな引き寄せがエンドレスに織りなすハーモニーのことなのです。

ハッピー一〇〇パーセントをチョイスできれば、一〇〇パーセントハッピーな未来が引き寄せられてきます。

もし、残念なことが起こったとしたら、何かの選択がハッピー一〇〇パーセントではなかったからです。

ハッピーチョイスの方程式は、「幸福、うれしい、しあわせ」なことばかりをチョイスすれば一〇〇パーセントハッピーになれるという「ハッピーの法則」です。

そして、未来に宇宙が用意している「幸せ」は「一〇〇パーセント以上の幸せ」です。「六〇パーセントの幸せ」や「八〇パーセントの幸せ」はなく、「一〇〇パーセント以上の幸せ」のステージ（次元）があるのならば、体験しないともったいないですよね。

ラッキーに注意

ハッピーの法則を取り入れる際に、気をつけなければならないことがあります。それは、使用する日本語に並び、その感覚にともなう感情の部分の取り入れ方です。

「ハッピー」というキーワードを軽く考えてはいけないことがわかりました。ハッピーに似たニュアンスの言葉があるからです。

せっかく、手に入れた「ハッピーの法則」を充分な形で使用するためには、他の言葉とのちがいを知り、明確に理解できていなければ、まったくちがう結果になってしまうからです。

まず、最もまちがえやすい言葉は、「ラッキー」です。

ハッピーチョイスについて知り、実践したある人の言葉です。

「そう言えば私、今日ラッキーなことがありました」

ステキな笑顔でうれしそうに話してくれましたが、この実践者は、「ハッピー」

と「ラッキー」を混同していました。

絶対に使用してはならないわけではありませんが、「ラッキー」なことは、ごく稀にしか起こらないので、実際には使う機会がほとんどない、ということです。

ラッキーとは、一般的には「運が良い」という意味ですが、ラッキーという言葉をどのようなときに使うか、数人に聞いてみました。


「宝くじに当たった、ラッキー」

「電車に間に合った、ラッキー」

「一〇〇円拾った、ラッキー」

「ジュースの自動販売機で当たった、ラッキー」


「ラッキー」を辞書で調べるとこうなります（「デジタル大辞泉」より）。

ラッキー【lucky】
［形動］運のよいさま。また、縁起のよいさま。「天気に恵まれたのは―だっ

た」「―な勝利」「―ナンバー」

ラッキーとは、めったにないよいことが運よく起こることを指し、ラッキーな瞬間はハッピー（幸せ）かもしれませんが、ふだんはアンラッキーということになってしまいます。

つまり、めったにないラッキーと、大部分のアンラッキーという引き寄せになり、幸せとはほど遠い人生になってしまうのです。

ラッキーにかんしては、ほかに「勝ち負け」にかんして使用することがあるため、これを法則にすると、「勝負事にツイていること」や「思いもよらない幸運」にフォーカスしてしまうため、引き寄せの法則としては、あまりお勧めできません。

自分が主体的に選べるハッピーチョイスとちがって、外的要因に依存しなければなりません。ラッキーは、使えば使うほど、じつは不幸になってしまう言葉であり、使用するには注意したほうがいいでしょう。

このように、ハッピーとは意味もニュアンスも異なる言葉を、なんとなく同じような意味合いだろうと思って使用してしまうと、未来の引き寄せが大きくちがってきてしまいます。

言葉の安易な使用は危険と言っても過言ではありません。日々使用する言語の意味やニュアンスをよく知ることは、人生において最も重要なことの一つです。そのことを充分に認識しておきたいものです。

わくわくの法則

ハッピーという言葉ととても相性の良い言葉があります。

それは、「わくわく」です。「わくわく」を追加することにより、ハッピーチョイスにとてもよい相乗効果があります。

「〝わくわく〟という言葉を使うときは、どのようなときですか？」と何人かに聞いてみました。

- お気に入りの洋服を着ているとき

・美味しそうなスイーツを食べるとき
・楽しみにしていた旅行に行く日が近づいてきたとき
・可愛い雑貨を見ているとき
・ごちそうを見るとき

このように、楽しんでいるさまと期待するさまと、二種類に分かれる傾向があります。

「わくわく」を辞書で調べるとこうなりました（「デジタル大辞泉」より）。

・わくわく〈擬態語〉喜びや期待で心が落ち着かないようす。
わく‐わく‐　うれしい知らせに胸が―する。心が期待や喜びに躍るさま。

「わくわく」という言葉に関しては、楽しさを表すときと期待を表すときの二種類がありますが、ハッピーチョイスした後、「わくわくした♪」という使い方が、最も相乗効果が高いようです。

ハッピークリアリング

私が開催している講座の一つであり、本も出版していますが「ハッピークリアリング」という空間次元を扱うメソッドがあり、そのなかで触れていることをいくつかご紹介します。

「心地よく生きるためのヒント」として、「わくわくするものを身のまわりに置きましょう」と提案しています。

バリ島に住んでみて気づいたことですが、バリ島は観光地なので、世界中から人人が遊びに来ています。さらに、いろいろな国から来た方が在住しているため、家のつくりから風習までさまざまで、同じバリ島でも全然ちがう雰囲気の家で、まったく異なる暮らし方をしています。

バリ人と外人の家の最大のちがいは、キッチンです。バリ人の家は、キッチンが外にあります。外人（日本人も含む）の家は、キッチンが室内にあります。キッチンが外にあるなんて、最初は驚きましたが、いざ住んでみると、理にかなっています。

バリ島は、自然がたくさんあるところですから、室内のキッチンでも、微量の食品をこぼしたまま放置すれば、あっという間に、アリやヤモリ、ネズミまでもがたくさんやってくるのです。すべての生き物と共存するのが当然なバリ島では、キッチンが外にないと大変なことになります。

そんなバリで暮らしてから、日本のことがよくわかるようになりました。

日本人は、夢や希望、楽しさをエンジョイできない、もしくは、そうしてはいけないと思っている民族です。現に、いろんな国からの観光客を見ていると、東洋人は、感情を表さず、能面のような顔になっています。

日本人こそ、いま「わくわく」がいちばん必要なのではないでしょうか。

このハッピークリアリングという、心を豊かにすることを目的とする講座では、「わくわくする洋服しか着ないでください」とか「わくわくする物しか部屋に置かないでください」と、伝えています。

それは、私たちの身のまわりを「わくわくするもの」で固めてしまいたいからです。

あたり一面にある、わくわくするもの。もちろん、人間関係も、わくわくする関係をつくります。

「楽しく、心地よく、ハッピーに過ごそう♪」

という、宇宙法則にのっとったライフスタイルの提唱です。

コラム

ハッピーチョイス／私の想い

世界同時不況、震災、洪水にはじまり、ストレス、病気、ウィルスというネガティブな現象が地球規模でますます拡がるなか、同時に、自分を大切にし、他の人へも思いやりの心を持って行動を起こしている勇気ある人々も増えており、ポジティブな現象も地球規模で発生しています。

私たちの本質の中に、「愛」があります。それは、とてもパワフルで、すべての源でもあります。

ところが、そんな素晴らしい「愛」は、自ら実践し使わないと作動しないのです。そして、この「愛」を作動させないと、私たちは真の意味で「幸せ」を手に入れられません。

今、私たちは、社会現象、地球環境、そして自分自身が、すべてつながっているのだとやっと気づき始めました。

先ほどの地球レベルのネガティブな現象とポジティブな現象は、気づいた自分自身の一部と気づかない自分自身の一部の現れであり、宇宙法則によるものです。

ですが、残念なことに、いったいどうやって「愛」を作動させたり成長させたりできるのか、具体的な実践法がわかっていませんでした。

そんななか、今回、私は、**この「愛」を確実に作動させる方法**を手に入れました。

それが、ハッピーチョイスです。

一度手に入れたら永遠に有効な方法を授かりましたので、ここで、愛する地球村の家族のみなさまと一緒に実践できたらと思います。

また、この機会をいただきましたことに深く感謝したいと思います。

なぜ、この方法が画期的かと言うと、「誰でもすぐに始められる」「場所を選ばず、二四時間できる」「それなのに、初心者からプロフェッショナル、達人、仙人レベルの方々にも使っていただける!」からです。

とくに、私がいちばん気に入っている理由は、この方法を実践する「小さな一歩」が増えたら、地球環境が好転し、さらには、人類が地球とともに永続的に共存できるような世界に変えうるようなパワーを持っていることです。

簡単に言うと、「真なる地球平和」を人類自らの手で勝ち取るイメージができるのです。

これほど明るい未来があるでしょうか。

素晴らしい宇宙法則の発見です。

ハッピーが地球を救う

ハッピーチョイスは自分しかできない、素晴らしい宇宙の神秘のチョイスです。

今すぐにハッピーになり、未来がハッピーになると確約される、素晴らしい宇宙法則です。

宿命は変えられないけれど、運命は変えられます。

つまり、変えるべきなのです。

私たちが日々している選択の一つ一つ、すべてが引き寄せになり、その一つ一つの選択によって運命は変わっていきます。

すべては、あなたの選択にかかっています。

自分の心が「わくわくすること」を選択するだけです。

魂の視点から見れば、日本に生まれて来たのも、まさしくハッピーチョイスであり、それが、あなたにとって、地球での最高のアトラクションなのです。

ハッピーチョイスは自分しかできない、素晴らしい宇宙の神秘のチョイスです。
永遠に自分のために、自分ができることであり、すべての人がハッピーチョイスをすれば地球は素晴らしい世界になり、六七億人が自分の「わくわく」を考えるならば、地球の「わくわく」を六七億人が考えることになります。

すべての人にハッピーを

ハッピーチョイス！
地球上は、ハッピーなチョイスでいっぱいになり
ハッピーな人々が増えるでしょう
愛のあるハッピーチョイスをみなさんが行えば
愛のある地球になるのです
美しい地球をハッピーのエネルギーであふれさせるのです
ハッピーチョイスで地球に愛の奇跡を起こしましょう！

HAPPY

6章 魂のライフスタイル

魂（今世）の世界

あなたはどうしてこの世に生まれてきたのか？
同じ生まれるにしてもなぜこの世だったのか？
ほかの時代やほかの国、ほかの家庭ではダメだったのか？

これらには、すべて答えがあります。そして、あなたは今、このタイミングで、この話を聞いて、さらなる魂のレベルアップをしようとしているのです。つまり、視点を変えていく時期に来ているということです。

ただし、その答えをしっかりと理解するためには、まず「そもそも魂とは何か？」ということから知っておいたほうがいいでしょう。

私たちの「魂の故郷＝大いなる宇宙」には、人間には決してイメージすらできない、けたはずれの素晴らしい「愛と調和」の世界があります。

地球は素晴らしい星であり、宇宙法則のなかでたくさんのほかの星の存在からのサポートがあるほど重要であり、私たち地球人も注目されています。なかでもこの時代を選んで来た私たちは、多くの存在に見守られているのです。

覚醒の時代が来て、二極化が始まり、その選択をすべて見られています

愛と調和の世界へたどりつくには、もうあまり時間がありません。そのなかで、私たちは何をするべきなのか。未来の子どもたちへ何が残せるのか。

このままでは、次元の低い世界へと向かってしまいます。

現時点では、他の惑星へ行ける手段（ＵＦＯ）も準備できていないし、愛の度数が低すぎるのが問題です。

人間の利欲が蔓延《まんえん》し、その不調和が地球環境を破壊し、調和的な人々まで汚染してしまっています……。

このままでは、地球上がまた一掃されてしまいます。

現に時空移動《テレポーテーション》が始まっており、私でさえ、テレポーテーションを何回もさせられそうになりました。

「これから始まるから、心構えをしなさい」と、まるで準備をさせられているかのようです。

このままでは、私たち人間が地球に存在できなくなってしまいます。

テレポーテーションの世界は、それぞれのステージにあったところへテレポートすることになり、ソウルメイトと行ける人もいれば、単独でテレポートすることになる人もいます。一部の人だけがテレポートするのか、全員が異次元に移動して地球がなくなるのか、私にもわかりません。決して怖い世界ではありませんが、未知なる世界ではあります。

今世、今（地球界）を生きられなくなるのです。

今を後悔しないように生きていますか
やり残したことはありませんか
自身の使命、勇気ある選択をしていますか
「愛の度数」を高める姿勢をグループに見せていますか

私にできることは、宇宙からのメッセージを伝えること
私の知っていることを、たとえ理由はわからなくても伝えること
今回のこの本で、勇気をもって、使命を実現させていただくことができました
一人でも多くの方に、一つでも良いので、何か思い出に残るような、勇気ある
使命から行動を起こしていただけたら、とてもうれしく思います

一人でできること
二人でできること
家族とできること
仲間とできること

できることは、無限大の選択肢のなかからチョイスした行動
テレポーテーションが起こる前に、一つでも勇気ある使命を実行してください。
一人でも多くの方にこのメッセージが届きますように。

日本人による地球救済

私たちが今世を選んだのはなぜでしょう。

今世、同じ環境のなかにいる魂は、今だからこそ、人間界に来ています。

戦争中でもなく、未来でもなく、「今」を選んで来ています。

近い歴史でたとえれば、戦争の時代があり、高度経済成長があり、その先輩方の魂のおかげで今があります。

戦争中は食料不足でしたが、今は物があふれんばかりです。

日本はいまや、世界有数の豊かな国なのに、現状と言えば、多くの人がうつむいたまま歩くような、幸せ感のない国家になってしまっています。さらには子どもたちまで、大人の真似をしているのか、もしくは、未来に夢も希望も見いだせないからか、うつむいたまま歩くようになっています。

私たちは、なぜ日本を選んで来たのでしょうか？

それは、宇宙が日本を選んだからです

それは、はるか昔から決まっていたことであり、それを承知で、私たちの魂は、この世に降りて来たのです。

地球を救うのは、なぜ日本人なのか？

宇宙はなぜ、日本を選んだのか？

それは、地球人のなかで最も精神レベルが高いのが日本人だからです。

その精神をもって、今、地球界代表として立ち上がらなければならないのです。

日本人がそうなるために、たくさんのサポートが入っています。たくさんのほかの惑星の方からの支援です。


サポートといっても、何か手助けしてくれるというわけではありません。本当の意味での成長を促すためのサポートで、それは直接的な助けではなく、ヒントに近いような現象を起こすことでサポートしています。

世界中にリーダー的な存在はいるものの、日本人のなかには、それをはるかに上回る数の、蒼々《そうそう》たる魂のメンバーがいます。

世界代表である、日本人の蒼々たるメンバーたちよ
いざ、立ち上がってみなに見せるのだ
これは、あなたがたしかできないのだから
何も恐れることはない、さあ、早く！

今世のビッグイベントでもある、日本人による地球救済は、それをまっとうできれば、宇宙へ帰ったときに表彰されるような、素晴らしい実績となります。

もちろん、それができる力のある魂がやって来ているのですが、さらにいろいろな惑星からサポートが入っているうえ、宇宙規模で注目の的となっています。

宇宙法則的に正しいこと

宇宙法則には、不自由な規則はありません。もしも、**何かしらで不自由を感じるならば、その規則は人間がつくりだしたものです。**

あなたのまわりを見渡すと、どのようになっていますか。

人間は、必ず何かを選択し、環境変化に加担し、影響を及ぼします。

宇宙法則的には、どちらに参加しているでしょうか。善し悪しではありませんが、悪影響に加担（共依存）するのか、良い影響に加担（共依存）するのかは、自分次第です。

あなたの魂は、今世、何をしに来たのか
そして何をすればよいのか
自分の魂に聞いていただきたいのです
本当にこのままでいいのか
見て見ぬ振りをしていないだろうか
わかっていてもやらないのは、行動しないグループと同類です

人間界において、人の目を気にして行動を起こせない者が多いのが現状ですが、今世、何かに流されてしまった、もしくは覚醒していない、または何かにとらわれている（＝洗脳）レベルの人間たちの目を気にして、それよりも長い生である魂界の使命を達成しないほうが、大いに損害が大きく、後々の魂ライフにかかわってくるのですから、今の環境や人間レベルのことを気にするのはナンセンスなのです。
覚醒している人間の目を気にするのなら、それは意味があるかもしれませんが、

洗脳された人間の目を気にするのは、自己犠牲（魂を犠牲にすることと同じです！）以外のなにものでもなく、もったいないことこのうえないです。

今世で行う予定であった魂の使命と人間レベルの発想とでは雲泥《うんでい》の差があり、はたしてその人間の魂があとで助けてくれるかというと、まずそんなことはありません。ただたんに、自分が使命を忘れて流されてしまった、というだけの結果になってしまうのです。

宇宙法則的に正しいことを知る

ここで言う「正しい」とは、いわゆる「正義」とは少しちがって、人間界の法律や規則、もしくは制裁や処罰とは関係なく、あくまでも「宇宙法則的に調和している」状態のことであり、そこには厳しい決まりごとは何もなく、ただ愛がベースになっています。

宇宙は愛であり、調和である

すべての行動は、愛と調和から成り立ちます。

宇宙の愛が「無償の愛」であるのにたいし、人間界の愛は「見返りを求める愛」とまちがった認識をされています。それは、悪意のためではなく、愛が裏返ってしまった、まちがったかたちの愛の要求です。

宇宙法則的には正しくても、現代の地球上で、宇宙的愛のある行動をとることは、勇気がなければできないことの一つとなっているのが現状です。

勇気ある選択をしよう

人間とは、おおよそ二パーセントも使っていない脳とその環境から成り立ち、何かにすぐ流される、もしくはとらわれやすい習性を持ち、洗脳されやすいのです。

洗脳とはコントロールされていることであり、コントロールされていることを自覚していない状態を「洗脳されている」と言います。

たとえば、こんなことを今まで考えたことがあるでしょうか。

その服は、誰のために着ているのですか。

もちろん、自分のために洋服を身にまとっているのならいいのですが、他人を気にした洋服であれば、洗脳されていることになります。

ファッションとは、誰のためにあるのでしょう。

もちろん、人間のためです。地球上で、人間だけのためにあります。

その人間だけのためにつくられた洋服は、地球上にいったい何枚あるのでしょう？　何億枚？　何兆枚？

カラフルな洋服がたくさんありますが、染めるのに使われたたくさんの染料液は、どこへ行ってしまうのでしょう。

そんなにたくさんの衣類が、人間だけのためにあるのです。

流行すたりはなぜあるのでしょう。

こうしたことを知ると、もう洋服など着たくなくなってしまいます。

たくさんの食料は、どこへ行ってしまうのでしょう。

食べもしない量を生産するために、どれだけの動物が殺されているのでしょう。

私たち人間は、そんなに動物性のものを摂《と》らなければ生きていけないのでしょうか。

動物を食べるのは、食べ物のない時代に食べ物のない地域でやむを得ず行われていたことだったのではないでしょうか。

さらに、着色されて売りに出されているのはなぜなのか。

着色のための添加物は、体にとってどういうものなのだろうか。

着色されていない肉を見たことがありますか。とても食べる気にはなれない色をしています。

スーパーのパックに入った肉しか見たことがない人は、食肉のために殺される動物を自分の目で見たほうがいいでしょう。

事実を知れば、もう肉類を食べたくなくなります。

現代はモノにあふれていますが、さらにどんどん生産され続けているモノ、人間はそんなにあふれるほどモノをつくってどうするつもりなのでしょう。

切れない電球もつくれるらしいですが、なぜ切れる電球しか売っていないのでしょう。

そもそも、食事とは、人間のエネルギー源であり、味覚のよさや見栄えのよさは関係ありません。現代の食品は、化学物質まみれ、添加物だらけとなり、栄養の偏った食事は、味覚障害やアレルギーの大きな原因の一つになっています。

これらは、人間の利欲や洗脳から生まれています。この循環をおかしいと思う人はいないのでしょうか。

担当者になぜかと聞けば、こう返ってきます。

「前からやっていることだから」

「みんながやっていることだから」

まさしく環境にコントロールされている人の返事です。もっと現状に疑問を抱くべきです。

あなたにはぜひ、勇気ある選択をしていただきたいのです

宇宙法則にのっとったものづくりとは、宇宙にとってよい、地球にとってよい、人間にとってよい、すべての生き物と調和し、バランスがとれたものであるはずです。愛というベースがあって初めて、宇宙と調和したものづくりができます。

宇宙も地球も、人間だけの住み処《か》ではないからです。

宇宙法則と言うと、「そんな宇宙のことなんか言ったたって……」と思う人もいるかもしれませんが、それこそ、まさに洗脳された状態です。私たちは、まちがいなく宇宙に存在しています。地球は宇宙にあるのですから。

人間の脳は、新しい情報を、すでに知っている知識に当てはめようとする習性があり、先に入力された知識に何でも結びつけようとするため、聞いたことがあったり、なじみのある言葉だと、よく考えずにすでに知っていることだと勘ちがいしがちです。

人間は、もっと謙虚になり、無知の知を知るべきなのです。

宇宙法則的なものづくり

宇宙法則的な視点から、世の中について考えてみましょう。

宇宙は愛であり、調和です。

「すべての行動は、愛と調和から成り立つ」とすれば、どのように考え方が変わっていくでしょうか。

たとえば、自分のための洋服。

人の目を気にせずに洋服を着ることを許されるとしたら、どんな洋服を着たいでしょうか。

農薬を使わない、土を汚さない、虫たちを殺さないで、適度に虫食いでもよい状態で、愛と調和のもとで栽培された、よい香りがするコットンやリネンの天然繊維。

さらに、無染色で環境を汚さずにつくれる生地。

はやりすたりのない、長いあいだ着られそうなデザインの洋服。

このように、洋服一つとって考えてみただけでも、これだけ変わってきます。

そのほかにも、「何かをつくる」ときに、愛や調和がベースとなっていると、どのように変わるでしょうか。

たとえば、癒される電磁波や、空気がどんどんよくなる排気ガスや、土が豊かになるゴミなど、使えば使うほど、体にも地球にも益になるようなものづくりができるのではないでしょうか。

体や地球にやさしいものをつくろうと思えばつくれる科学技術がありながら、そうはしないで、まったく愛の感じられない世界となっています。人間や地球が喜ぶような方向に、科学の力を発揮させることはできないのでしょうか。

残念ながら、現代の人間は、愛と調和のない、何かにコントロールされたロボットと化しています。恐ろしいことですが、この現状に目覚め、一刻も早く立ち上がり、異議を唱えなければ、愛のない現状に加担していることになってしまいます。

多くの日本人が、二〇一一年三月十一日の震災で、原子力発電所がお粗末なかたちで稼働していたことに初めて気づかされ、それをきっかけに立ち上がるようになりました。

いまや宇宙的に正しいことを実践する時期に来ています。見えている部分ではなく、見えないところ、もしくは隠されている部分に答えがあるのです。誰が悪いというわけではありません。ただ、愛ではなく資本主義優位の環境に汚染されているだけです。

でも、もう十分、日本は経済的に発展したのではないでしょうか。このままでは、地球自体が持ちこたえられません。

日本人の素晴らしい精神力で、地球の方向性、人類の方向性を、リーダーシップをとって、世界に示すべきなのです。

資本主義優位ではなく、愛本位主義で、世界を導けばいいのです。

どの空間次元を選ぶか

ステージの次元からして、自分が選べるステージや次元は、無限大にあり、どの次元を選ぶかは、自分次第です。

同じ場所、同じ地球に住みながら、ちがうステージでともにいる（＝共存）ことができるのです。

たとえば、悲しみの世界に住もうと思えば、その次元が存在し、いつも悲しむことができます。さらに、悲しみを日々選択し続ければ、次々に悲しみを引き起こす出来事が引き寄せられます。

逆に、ハッピーな世界に住むことを選択すれば、いつもハッピーでいられます。

すべては自分の精神（＝心）が決めるのです

世界は無限に存在し、あたりを見渡せば、さも同じ次元にいるようですが、じつはまったく異なった世界なのです。

この三つのキーワードが、未来を決めます。

スペース＝空間
レベル＝次元
ステージ＝段階

ハッピーな空間を知り、ハッピーな次元を知り、ハッピーな段階を知ることによって、まったくちがった空間次元を生きられるようになります。

ハッピーは自分の精神（＝心）が決めます

もし、ハッピーな空間を生きたいのであれば、すべてをハッピーに感じられるようにすることです。そこには、ハッピーな次元が存在し、ハッピーの段階が存在します。ハッピーな空間を探し、ハッピーな次元を認識し、ハッピーな段階を踏んでいくのです。ハッピーな空間さえ見つければ、あとはハッピー感を満喫し、そのレベルを上げていくだけのことです。

前章でも述べたように、ハッピー感一〇〇パーセントになれれば一〇〇パーセントのハッピー、ハッピー感六〇パーセントであれば、それ以外の四〇パーセントが体験できます。

これらの割合も、すべて「自分の精神（＝心）が決める」のです。

思ったような引き寄せがなかった場合は、どこかがまちがっているのであり、まちがいに気づければ、ちゃんと調整できます。

したがって、自分が知っているハッピーがマックスではないかもしれないと気づくことが最も重要なカギとなり、そう思うことができれば、その先は進みやすくなって、さらにはハッピーの割合が一〇〇パーセント以上になるコツもわかります。

その先はもう、ハッピーなことばかり選択していくのみです。

あなたはどの世界（＝空間次元）を選びますか

今世、魂のライフスタイルとして、何を選択するかは自由であり、もしも魂の声が聞こえるならば、それにしたがって選択していくのみです。

わざわざ、この地球にやって来たのですから、思い残すことのない「魂ライフ」、「地球ランド」を一〇〇パーセント、味わっていただきたいと思います。

コラム

愛のある先輩方

以前、地球環境活動をしているなかで、すてきなご婦人と出会いました。

絶滅種動物支援活動に、二〇年ほど従事していらっしゃる方でした。

ご主人は科学者で、奥様も夕食をつくりながら科学の英論文を読むような博学な方です。

科学がわかるだけに、環境汚染問題や人間への影響などにとてもくわしく、そのために、そのような活動もされているのでした。

地球環境や生活必需品に含まれる毒性物質の問題と健康について、何度となく話す機会がありました。

その方があるときおっしゃった、素晴らしい言葉が忘れられません。

「私たちの世代が地球をこのようにしてしまったんです。本当にごめんなさい」

そうおっしゃって、私たちに深々と頭を下げられたのです。

私はびっくりしました。その方は、私たちに謝ったのです。

立派な活動をなさっているし、尊敬に値する素晴らしい方なのに、頭を下げられたことに衝撃を受けました。

そして、最後にこう付け加えられました。

「私たちの世代を代表して謝らせてください。本当にこんなことになってしまって、ごめんなさい」

自分は環境汚染に加担することなく、二〇年以上も活動しているにもかかわらず、世代を代表して謝ることができるなんて、素晴らしい愛を持った方だと思いました。

このような方が、たくさんいたら、今ごろ地球はどうなっていただろうと思いたくなるような、すてきな勇気のある方です。


人間界は、世代から世代へ引き継がれます。

このような素晴らしい愛を持った大人になりたいと思えた瞬間でもあり、私もさらに、できる限り、勇気ある行動をとりたいと思いました。

私たちが尊敬のできる大人の姿勢、そして、これから私たちが見せていく姿勢が、未来に、そしてすてきな仲間に伝わっていくなら、とても嬉しく思います。

宇宙と魂と人間

私に入ってくる宇宙法則の情報は、シンプルな言い方をすれば、波と渦《うず》、点々と螺旋《らせん》の重なりでできています。

宇宙は暗いけれど明るい世界。この世で感じる明るさとはちがって、まぶしさのない、ひたすら明るい世界です。

人間の体の快楽を超える心地よさである愛の振動は、まさしく超越という言葉がふさわしいかもしれません。

宇宙と愛の振動は、絵に描くとしたら、波々にグルグルに点々とスパイラルの重なり、のような感じなのです。

宇宙情報によると、「すべては、タテタテヨコヨコ、マル描いてチョン」からできているそうです。これを聞いたときは、思わず「絵描き歌か何か？」と疑って、調べもしましたが、未だにはっきりした答えは見つかっていません。

その「マル描いてチョン」の点々の組み合わせにより、いろいろな形ができており、まるでＤＮＡを思わせる螺旋状のものからただの点々にいたるまで、いろいろな点々の集合体が宇宙に存在するのです。すなわち、それらの集合体が物質となり、地球界にも存在することになるわけで、だから人間の細胞レベルがそのようになっているのは当然なのです。人間も宇宙も同じものからできているのですから。

宇宙が愛と調和で成り立っているなら、魂も愛と調和から成り立っており、人間も愛と調和から成り立っていることになり、現在、繰り広げられている世界も、もとのベースは愛と調和からなっていることがわかります。

戦争や洗脳は、愛が裏返って起こっています。

愛の表現を美しくできれば、私たちは美しい人間になり、美しい地球へと変われるのです。

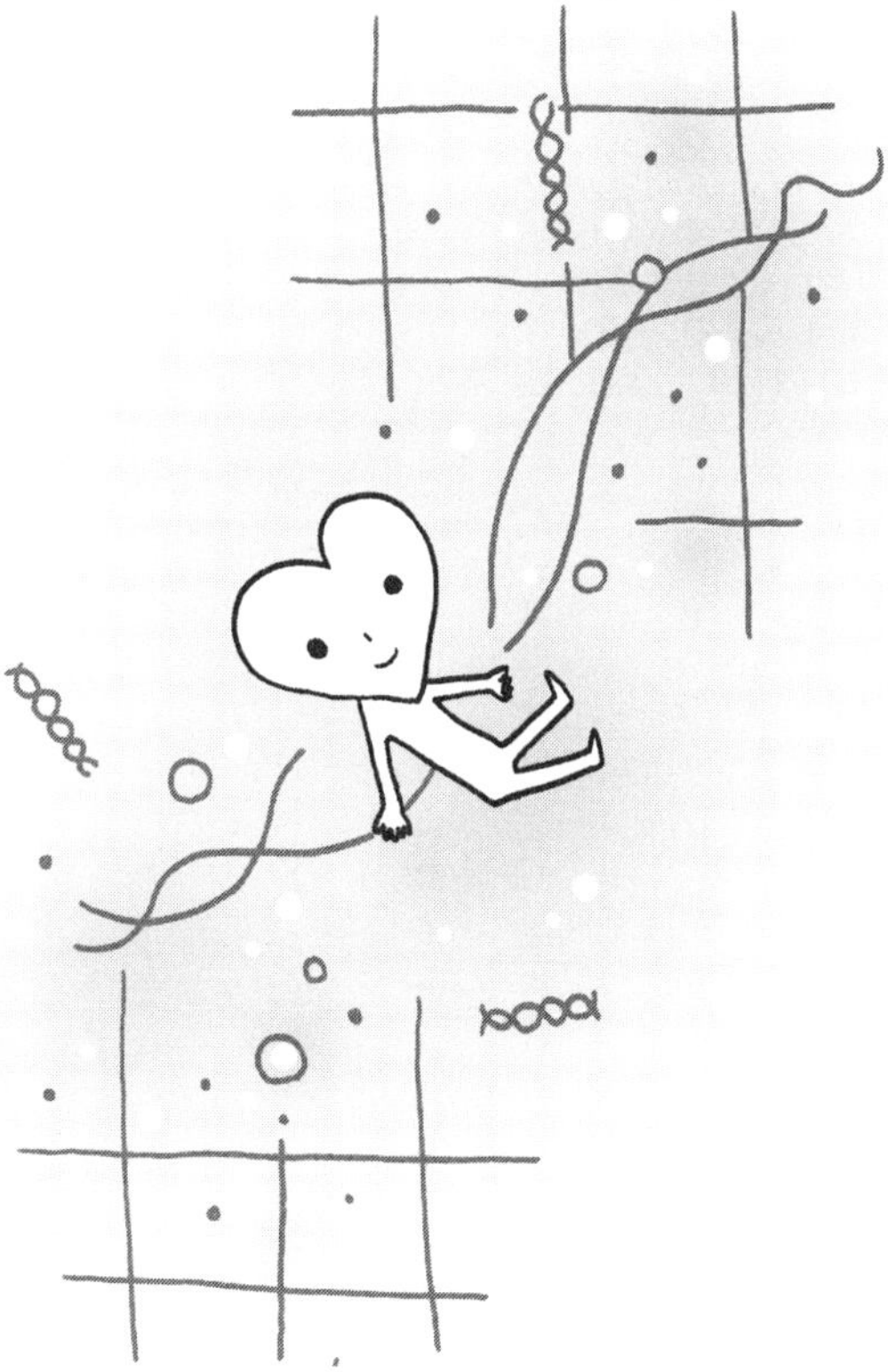

7章 愛と調和の世界

すべては愛

愛と調和についても、宇宙法則的にステージの次元が存在します。愛にも段階があり、調和にも段階があります。

同じ愛でも、兄弟や姉妹、両親やいとこなどの血縁関係や、パートナーへの愛、友達や知人への愛など、これだけでもいろいろな愛がありますが、宇宙的にもっと大きな視点から言うと、同じ町、同じ市、同じ県、同じ国、同じ地球、同じ宇宙までの愛もあります。人類みな兄弟という以上の大きな愛です。

宇宙的視点からすれば、宇宙のすべては一つの大きな愛なのです。

人間は都合により、敵味方になったり、勝ち負けの洗脳を行ったりして、小さなグループに固まる傾向にあります。

でも、たとえば宇宙人が襲って来たら、地球人は結束して戦うでしょう。そのように結束できるのなら、宇宙人が襲って来なくても、はじめから人類みな兄弟として結束していれば、地球内で戦争など起こらないはずです。

宇宙法則的には、魂のレベルも存在しますが、今世の人間界でそのレベルを上げることは、言い換えると、「**度数を上げる**」という表現になります。

宇宙法則的には、愛と調和がベースになっていますが、今の人間は、おそらく調和の度数はレベルが上がっています。ただし、まちがった調和——共依存——へ進んでいるために、このままではせっかくの調和レベルがむだになりそうです。

さらに、調和ばかりに特化した結果、愛の強弱を示す愛の度数は、かなり低いものになってしまいそうです。

愛の振動数＝愛の度数

愛の振動数は、愛の精神性の高さによって決まってきます。精神における愛の強さが重要で、それが愛の度数を決めます。

愛とは強さでもあるのです。

魂の世界では、「振動数＝密度」になっており、精神性が上がれば上がるほど、その振動数は高くなり、光の存在へと近づいていきます。


光の存在とは、愛の度数の高い集合体の存在です

逆に精神性が低い状態であれば、密度が薄く荒い集合体となります。

すなわち、愛の感情が薄く、愛にもとづいた考え方ができないので、争いが起こりやすくなります。

愛の振動数が高ければ高いほど、光の存在に近づいていきますが、人間には同じ光にしか見えなくても、その光の存在にもまたステージがあり、光同士では、ちがう存在として認識できるのです。

宇宙空間には振動があり、その振動が循環しています。つまり、停止した状態ではなく、地球界の空気の流れや海の循環のように、宇宙空間が循環しているのです。

すべてのものは、振動しています

人間の細胞も地球界にある物質も、すべてです。

一見、死んでいるように見えるものでさえ、振動の循環があります。この循環は宇宙法則の一つであり、人間界で引き寄せの法則として知られているものは、この循環の法則なのです。

宇宙空間の他の惑星やそこに住む方々

宇宙空間には、他の惑星の存在があり、彼らは簡単に地球に来ることができます。その乗り物は、地球界には存在しないものです。

私の知っている他の惑星の方々は、振動数の高い存在であり、時空を超えて瞬時に移動したり、その密度の集合体のまま移動することができます。

つまり、私たち人間のように肉体を持たない、エネルギーなどの集合体で、さらに密度があり、それがまとまった形となった存在なのです。

ちなみに、幽霊のような存在なのかというと、そうではありません。

見た目では区別がつかないくらい形は似ていますが、密度がちがうというか、波動の集合体の一つ一つがちがうようで、どの方がどの方なのかは、人間一人一人がちがうように、すぐにわかります。その方たちは、思考ができ、コミュニケーションができます。さらに宇宙船のような乗り物も、その集合体でできています。波動の塊のような感じです。

その乗り物に乗って地球へやって来るのですが、密度の集合体でありながら、彼らなりの生活があるようです。

彼ら同士では、心で通じ合うような、テレパシーで会話をすることもあれば、人間の耳では聞きとれない音からなる言語のようなもので対話することもあります。

さらに、人間にもテレパシーで頭や心に直接アクセスしてくることもあれば、日本語で話しかけてくる方もいます。

私はその存在を何度も確認し、実在していると確信していますが、地球界には存在しない高レベルの存在なので、人間の脳や肉眼のレベルにとらわれると、たちまち受け入れられなくなります。

とはいえ、映画などで似た存在を表現しているのを見ますので、彼らと遭遇された方がほかにもいるのだと考えざるを得ません。

彼らにとってベースとなる考え、すなわち、人間界で言う常識のようなものは「愛」なので、愛にもとづく行動が身についています。

そんな彼らは、いろいろな惑星から、担当者として地球へ応援に来ているのです。そして地球上のリーダーたちを見守り、サポートしているようです。肉眼にも映ってくれる異星人から、波動の集合体のみの異性人まで、たくさんの種類が存在します。

なぜ、地球をサポートしているのかというと、彼らにとっては地球人も仲間だからです。愛がベースにある宇宙人はみな、兄弟愛的な愛を持っています。SF映画によく出てくる恐ろしい異星人は、これまで私は確認したことがありません。そんな恐ろしい宇宙人などいないのかもしれません。今のところ私が確認できたのは、愛の度数が高い、やさしさにあふれる存在ばかりです。

私が垣間見た宇宙空間は、愛と調和からのみで成り立っていました。それは、地球上にはない、計り知れないほど度数の高い愛の空間、あたり一面、愛にあふれた空間でした。やはり愛は無限大なのだとわかりました。

そんな愛の空間の一員である私たちもまた、愛の存在なのです。つまり、たがいに受け入れないほうがおかしいのです。そうとしか思えません。

異星人と人間をくらべると、子どもと大人のような精神性のちがいがあります。

人間はまるで子どものようです。わがままばかり言って、言うことを聞かない、まるで、おもちゃ売り場でダダをこねて、ひっくり返って手足をばたばたさせている幼児のようです。

愛の度数が高い存在たちは、いろいろな地球人へ向けてメッセージを送り続けています。

でも、メッセージを聞かないからといって、怒ったりはしません。

愛がベースで、私たち地球界の人間に気づいてほしくて、何年もの月日をかけて、何度も何度もメッセージを送り続けているのです。

宇宙法則的な愛に近づく

人間界のなかで進歩するということは、愛により近づいていくことを意味しています。もっとも進歩した人間が、より崇高《すうこう》な愛を体験し、より深い愛を表現できるようになるのです。

宇宙法則的に言えば、本当の人間の大きさとは、その人の愛の度数によって決まります。

愛の法則とは、無償の愛がベースにあります。
自分を愛した分しか、人に愛を与えることはできません。
人間は、自分を愛した分だけの愛しか学べないからです。
自分を愛した分だけ、人を愛せるのです。
人を愛せることが、真に役に立つことです。
大切なのは、愛を感じることであり、愛をささげることです。

人生やその瞬間が美しいと感じ始めたら、目覚め始めている証拠です

目覚めてしまえば、そこは、素晴らしい地球であり、素晴らしい天国です。
それを感じることができれば、その瞬間瞬間を満喫できます。
宇宙法則や必然の神秘が提供してくれたすべてのものに目を向けると、そこに絶えず、いろいろな素晴らしいものを発見することになります。

人間界の人生とは、実際に起こっている現実のドラマであり、おとぎの国の愛にあふれる神秘の世界でもあるのです。


人に喜ばれることをすると、波動（＝度数）が上がります。

頭を喜ばせることではなく、心（精神や魂）を喜ばせることです。

脳に光はありませんが、心には光があります。

心は光り輝くものであり、光り輝かせることができる、唯一の場所です。

本当の賢さとは、心と脳の二つの調和がとれていること。

いくら頭脳がすぐれていても、度数は高くなりません。**人間は、頭よりも心のほうが重要なのです。**


現在、多くの人間は反対の使い方をしているので、脳の使い方を正しく認識するようにしましょう。つまり、脳が心に奉仕する、というかたちです。

脳とは本来、考えることや悩むことに使うのではなく、知覚するために使う、心

のサポート役です。

それは、五感を味わうのに近い感覚です。

見る、聞く、触れる、嗅《か》ぐ、味わう、感じる――大きく分けるとこのようになり、実際には六感になりますが、知覚とは、この六種類の感覚を味わうことです。

この六感は、考える（＝脳を使う）ことを止めるとシンプルに味わえます。この三次元の地球においてのみ味わえる、素晴らしい感覚です。つまり、**考えることをやめると、より幸せを感じられるのです。**宇宙の深い意味は、思考のもっと向こう側に存在しているからです。

何事も難しくとらえてしまう、レベルの低い脳を優位に使ってしまうために、愛を阻《はば》んだり、脳が想定できないからブレーキをかけたりと、洗我にとらわれてしまいます。

地球界における私たち人間の進歩とは、洗我を減少させて、宇宙法則にのっとった、次元の高い愛を育んでいくことにあります。

愛の度数の高い世界には、争いや競うことなど何もないのですから。

愛と許しの法則

宇宙空間や異星人の存在の根源には、深い愛と許しがあります。

無条件に愛し許すことができない私たちを、無条件に愛し許している存在があるのです。

私たちができることは、無条件に許し愛していないことを吟味《ぎんみ》し、確認しながら、それでも許され愛されて、ここに生かされていることへの感謝と喜びを味わい、あらわすことしかないのです。

その喜びと快感のなかで、少しでも、無条件の愛に近づきたくなるのです。

無条件の愛
真実の愛
無償の愛

私たちが目指すべき愛の形とは、真実の愛や無償の愛であり、「愛として思い浮かぶことに思いをかける」ということと、その相手の幸せを心から願い、見返りを求めず、すべてを受け入れる、つまり「許す」ということと対の法則なのです。

愛と許しは対である

「愛情を注ぐ」ということよりも、「相手を許し、受け入れる」ということのほうが、私たちが本来学ぶべき究極の愛に近いようです。

愛＝許し、受容、感謝

許しと受容、感謝には密接なつながりがあります。許す、受け入れることができて初めて感謝できることがあるからです。感謝できるようになって初めて、本当の愛の深さを感じ取ることができるようになります。

「愛」にたいする、「許し、受容、感謝」のこの三つができた瞬間に、愛の宇宙エネルギーがあふれだします。それが、「**愛と許しの法則**」です。

このように、愛はとても奥が深いものです。だからこそ、一生をかけて知りたくなるのです。

すべてに愛を。

宇宙はあなたの味方です。

愛とは、他人にどれだけ愛を与えられるか、そして許すことができるかです。

愛を与えるのは、自らの心を豊かにすること、許すのは、心を静め、透明になることです。そして光になること。

笑顔は愛のバロメーターであり、すべては愛のエネルギーでつながっています。

愛を感じ取る力で人生は変わります。

ないものねだりはやめて，あるものに感謝の気持ちを持つ。

すぐそばにある、あたたかい愛に気づく。

あたたかい愛に満たされて生きる。

そうすれば、あなたの愛の度数が上がります。

愛の度数を上げて地球を救う

愛の度数を上げることが、地球を救います。
愛の度数が上がった人間たちは、すべての人々を愛しています。
人々を愛しているから、最大の幸福は、人に奉仕し、援助すること。
人の役に立っていると感じることで、幸福が得られます。

人生の目的は幸福になること、それを充分に楽しむことです
創造者を愛し、命があることに感謝し、それを充分に満喫することです

もし、愛が人間界のベースになれば、愛にもとづく新しい組織づくりをし、国境を廃止し、みんなで仲良く一つの家族のようになり、愛にもとづいた新しい地球世界がつくれます。
地球上にたった一つの愛の世界政府をつくることになるでしょう。

愛がベースで仲のよい人間たちは
人のために協力して畑を耕し
人のために協力して食事をつくり
人のために協力してものづくりをします
人のために郵便物を配達し
人のために乗り物をつくる
それらは
すべてが無料の世界
すべてが無償の世界
愛がベースであれば
すべてが透明で輝きのある
とてもシンプルで
はっきりとした世界になる

地球ランドの歩き方

2章でも触れましたが、地球環境を考えるサイトでご紹介している、「宇宙的ライフスタイル」から、内容を抜粋してご紹介します。

I Love The Earth
愛と感謝をたずさえて……

私たちは沢山の惑星がある中から地球を選んで生まれてきました。
何をするために地球を選んできたか覚えているでしょうか？

私たちは、自分で地球を選びました。
私たちは、自分で今世を選びました。
私たちは、自分で日本を選びました。

私たちは、自分で家族を選びました。
私たちは、自分で目的を選びました。
私たちは、自分で役割を選びました。
私たちは、自分で使命を選びました。

そして、私たちは地球でいろんなことを学び、
再び宇宙に還る日が来るのです。

私たちはお世話になった地球に、
どんな恩返しができるのでしょうか？
これからは、地球と共に生きる時代に入りました。

地球ランドの歩き方とは、
「**宇宙の視点で地球に生きる**」ことです。
地球（宇宙）が喜ぶライフスタイルについて

考えてみましょう。

基本は「愛・感謝」がベースです。
今をエンジョイする！
そうこの今を、「愛・感謝」を意識して
エンジョイしましょう‼

『地球ランドの歩き方』Love キャプテン／松下仁美
http://love-theearth.com/lifestyle/lifestyle07/

すべては光の存在である。

アインシュタインが驚いた複利（自然界の生命の連鎖）を使ってみて更に、
「小」が「超大」になることに気が付きました。

私が一人、気が付いたので一人の光、

一人に伝えたら2人の光
2人で一人ずつ伝えたら4人の光
4人で一人ずつ伝えたら8人の光
8人で一人ずつ伝えたら16人の光
(伝えていったら……)
2,147,483,648人で一人ずつ伝えたら4,294,967,296人の光
4,294,967,296人で一人ずつ伝えたら8,589,934,592人の光
と、なんとみんなが34人ずつ伝えたら、地球の人口をゆうに超える事が出来ました。

愛する地球が未来永劫光り輝く本当の故郷に出来たら、最高に幸せです。そして、いつまでも光り輝く地球と地球を愛する皆様に感謝申し上げます。

『地球ランドの歩き方』ディレクター／丸岡徹司
http://love-theearth.com/staff/message.html

あとがき

私たちが地球ランドへ遊びに来た理由は、ただエンジョイするためです。

エンジョイとは、嬉しいこと、楽しいこと、心地よいことを存分に感じること。

逆に、悲しいこと、苦しいこと、つらいことも存分に感じること。

それら地球にあるすべてのことをエンジョイしに来たわけですから、思いっ切り感じて、魂の故郷まで持って帰ればよいのです。

かつて医療関係の仕事に従事していたことがありますが、そこは代替医療を行っている、ホスピスに近い施設でした。

そこで余命を宣告された人たちが、この世を去っていくまでに、よくおっしゃる言葉があります。

それは、「これは冥土《めいど》の土産《みやげ》に持って帰ろう」という言葉でした。

余命を宣告されて、本当に時間のない方たちは、時間を大切にし、体験を大切にされます。思い残したことや、家族への感謝まで、すべてを大切にされるのです。


あるすてきな女性との思い出があります。

版画の先生をされている女性でした。

余命を宣告された後、縁のあった方に版画でハガキをつくられていました。

「私と縁があった方に、私のことを思い出してもらおうと思って、手紙を書いているの。私にはこれしかできないから」

とおっしゃって、楽しそうにつくっていました。

それから一〇日後に、その方は宇宙へ還ってしまいました。

それから一週間もたたないうちに、その方から、ハガキが届いたのです。

そこには「すてきな縁とすてきな時間をありがとう」という言葉とおしゃれな版画の絵がありました。

短い文章ですが、深い気持ちがこめられています。

今でもその方の明るい笑顔を思い出します。

治療の影響で髪はなく、でもしゃれた帽子を身につけられていて、悲しい素振りなどいっさいなく、最期までポジティブに明るい方でした。

そんな態度でいることも、すべて本人の選択です。

私は、すてきな先輩からすてきな姿勢を学ばせていただきました。

地球ランドとは、そうやって、最後まで楽しんでいいところなのです。

あなたは、残された時間、何をしたいですか？

私は、どんなことでも思いっ切りエンジョイしたいと思います。

最後の最後まで。

あなたは、どんな地球ランドを体験したいですか？

私は、ハッピーで楽しく、わくわくしていたいです。

今のこの一瞬から、最後まで。

あなたは、また地球ランドへ遊びに来たいですか？

私は、またぜひ遊びに来たいです。

愛する仲間たちとエンジョイしたいです。

あなたが主役のこの映画の題名は何にしますか？
私の映画は、
　愛する仲間とともに
　　あなたを幸せにしてくれる地球ランドの世界へ
というタイトルにしたいです。
今世、出逢えたみなさまへ
出逢ってくれて、ハッピー＆ありがとう♪
そして、あなたに「ハッピー＆ありがとう♪」
あなたを幸せにしてくれる地球ランドの世界へ。

二〇一三年、五月吉日

松下仁美

松下仁美（Hitomi Matsushita）
スピリチュアルティーチャー。幼少よりオーラや次元が見え、サムシング・グレート（大いなる何者か）と対話していた。
「松下式ハッピーレイキ」を確立し、多岐にわたる講座を精力的に開催。2011年にバリ島に移住、外国人夫婦初の公式聖職者。著書に『一生使える！ オーラの本』（PHP研究所）、『ハッピー・スピリチュアル・レッスン』『宇宙から幸せを引き寄せる魔法の選択』（アルマット）などがある。
オフィシャルサイト　http://www.hitomi358.com/

地球ランドの幸せルール
宇宙法則とハッピーチョイス

●

2013年7月31日　初版発行

著者／松下仁美
イラスト／はな
装丁／はな
DTP／山中　央
編集／当間里江子

発行者／今井博央希
発行所／株式会社ナチュラルスピリット
〒107-0062 東京都港区南青山5-1-10 南青山第一マンションズ602
TEL 03-6450-5938　FAX 03-6450-5978
E-mail　info@naturalspirit.co.jp
ホームページ　http://www.naturalspirit.co.jp/

印刷所／株式会社暁印刷

ISBN978-4-86451-087-5　C0011